湖北省社会科学基金一般项目（后期资助项目）
项目编号：2023j093

供应链管理和信息化技术

◎王 芳 冷凯君 著

吉林出版集团股份有限公司
全国百佳图书出版单位

图书在版编目（CIP）数据

供应链管理和信息化技术 / 王芳，冷凯君著. -- 长春：吉林出版集团股份有限公司，2024.8. -- ISBN 978-7-5731-5556-6

Ⅰ. F252.1-39

中国国家版本馆 CIP 数据核字第 2024SD0394 号

GONGYING LIAN GUANLI HE XINXIHUA JISHU

供应链管理和信息化技术

著　　者	王　芳　冷凯君
责任编辑	杨　爽
装帧设计	寒　露

出　　版	吉林出版集团股份有限公司
发　　行	吉林出版集团社科图书有限公司
地　　址	吉林省长春市南关区福祉大路 5788 号　邮编：130118
印　　刷	河北万卷印刷有限公司
电　　话	0431-81629711（总编办）
抖 音 号	吉林出版集团社科图书有限公司　37009026326

开　　本	710 mm×1000 mm　1 / 16
印　　张	15.5
字　　数	220 千字
版　　次	2024 年 8 月第 1 版
印　　次	2024 年 8 月第 1 次印刷

书　　号	ISBN 978-7-5731-5556-6
定　　价	78.00 元

如有印装质量问题，请与市场营销中心联系调换。0431-81629729

前言 PREFACE

供应链是从产品制造到产品营销整个过程中各相关参与主体之间形成的关系链条。一般不存在所谓的"典型"供应链。简单的供应链是直接为消费者提供商品的模式，而复杂的供应链大概就是涉及科技含量更高商品的整个产销过程。这类产品可以由几百件或上千件零部件组成，而零部件制造商可以分布在世界各地。

供应链管理是指通过对供应链中各种关系进行有效管理，以提高顾客服务水平。供应链管理意味着要把供应商、制造商、分销商以及最终消费者联系在一起，促成一个完整的闭环式供应链系统。供应链由上游至下游依次为：原材料供应、产品生产、产品销售、售后服务等。供应链是以顾客为起点和终点的，绝对关注顾客的实际需要，这也是供应链的发展原则与宗旨。供应链管理涵盖从供应商提供原材料到向顾客提供产品这一完整流程，主要涉及外购、制造分销、库存管理、运输、仓储和顾客服务。随着所涉资源与环节增多，供应链管理也日趋复杂。随着全世界数字化转型程度的不断加深，供应链管理的成功实施也更需要企业转变观念，利用数字化技术同供应链各业务伙伴密切协作，这类问题的解决一方面关系到信息技术及信息系统在企业内部的运用，同时涉及企业战略需求分析、企业内外部环境分析等。因此，为了使供应链能够成功地运作，就必须要有先进的技术作为支撑。如何利用信息技术是当前需要解决的问题之一。

企业方应搭建起供应链管理和信息技术之间的桥梁，而借助这座桥

>> 供应链管理和信息化技术

梁能够应用多种信息技术来对我国企业进行需求分析、对企业地位进行分析评价、进行业务流程重组，以及对我国信息系统进行改进。企业只有有了清晰的策略、正确的目标和完善的信息系统，才能进行高效的供应链管理。

　　本书分为两部分内容，上半部分主要介绍了供应链管理的基础概念、供应链的运作和需求管理，以及传统的供应链管理方法；下半部分则阐述了供应链数字化转型中的核心信息化技术、库存控制信息化，以及供应链信息系统的设计、冷链行业数字化转型构建案例。本书的主要目标是探索信息时代背景下供应链管理的发展之路，推进供应链的集约化发展，在人工智能、大数据、物联网与云计算技术快速发展的情况下，及时给人们带来有效学习和掌握新思想、新技术的途径与平台。

　　在全球网络经济时代来临之际，信息技术将日益深刻地影响企业运作模式，其每次和企业相结合都会给企业带来深刻变化。信息技术在为企业带来商机的同时，也向传统的管理模式提出了严峻的挑战。如何利用信息技术来提高管理水平、降低成本已经成为每个管理者必须考虑的问题。

　　鉴于著者水平有限，书中难免存在疏漏及不足，恳请各位同行及专家学者予以斧正。

目录

第一章　供应链管理概述 ·······001
第一节　供应链的概念与分类 ·······001
第二节　供应链管理的基本理论概述 ·······006
第三节　供应链的设计与优化 ·······012
第四节　供应链管理的机制与目标 ·······022

第二章　供应链运作管理 ·······027
第一节　供应链管理生产运作技术 ·······027
第二节　供应链管理物流运作技术 ·······034
第三节　供应链管理营销运作技术 ·······052
第四节　供应链管理的财务运作技术 ·······057

第三章　供应链需求管理 ·······062
第一节　供应链需求预测 ·······062
第二节　供应链需求和供应计划 ·······067
第三节　供应链需求控制 ·······074

第四章　传统的供应链管理方法 ·······077
第一节　供应链响应速度管理 ·······077
第二节　供应链绩效管理 ·······080
第三节　供应链采购流程管理 ·······085
第四节　供应链运输管理 ·······091
第五节　供应链库存管理 ·······096

第五章　供应链核心信息化技术······104
第一节　信息技术在供应链管理中的作用······104
第二节　数据传输和交换技术······108
第三节　信息化的安全保证和安全技术······113
第四节　大数据技术······117

第六章　供应链信息系统的设计······122
第一节　供应链信息系统概述······122
第二节　供应链信息系统中的技术······124
第三节　供应链信息系统的实现方案······129
第四节　供应链信息管理系统开发······134

第七章　供应链库存管理信息化······143
第一节　供应链环境下库存管理的作用与分类······143
第二节　供应链库存管理信息化的意义······147
第三节　供应链库存管理信息化的实现······150
第四节　案例分析······156

第八章　冷链物流数字化转型······165
第一节　构建冷链物流大数据的需求分析······165
第二节　冷链物流大数据管理框架······183
第三节　冷链物流大数据中心架构设计······193
第四节　冷链物流大数据中心构建······213
第五节　冷链物流大数据中心的运营模式······224

第九章　总结和展望······230
第一节　总结······230
第二节　展望······231

参考文献······234

第一章　供应链管理概述

供应链管理（supply chain management, SCM）是对从原材料采购、加工制造到最终产品交付给消费者的全过程中所有活动的管理和协调，目的是在整个供应链中最大化客户价值和获得竞争优势。供应链管理包括供应商管理、原材料采购、生产过程、库存管理、订单处理、物流以及客户服务等环节。它侧重通过提高效率、降低成本、提升服务质量和响应速度来优化供应链的整体性能。

第一节　供应链的概念与分类

一、供应链的定义

供应链是指从原材料的供应商到最终产品交付给终端消费者的全过程中所涉及的企业和活动的网络，它包括供应商、制造商、批发商、零售商以及最终用户等多个环节。供应链不仅涉及产品的流动，还包括信息、资金流动，以及对这些流动的管理和协调。通过优化整个过程，可降低成本、提高效率、提升服务质量，以及增加客户满意度。

2006年修订的《物流术语》（GB/T 18354—2021）对供应链的定义是："生产及流通过程中，为了将产品或服务交付给最终客户，由上游与下游企业共同建立的需求链状网。"这一概念体现了从原材料采购、产品生产、存储到最终销售给消费者的整个流程，涵盖了供应商、生产制造商、仓库、分销中心、批发商，以及零售商等环节。这些参与方之间存在物质流通、信息传递，并伴随着资金流动。在这一过程中，物料通过加工、包装、运输等环节不断增值，为参与的企业带来利益。也就是说，供应链不只是物流活动的集合，它还代表着一种高效整合资源的方式，通过管理和优化，使产品生产和流通过程更为高效，对企业的生产流通起到指导作用。核心企业通过控制信息流和资金流，从原材料采购到最终产品销售，实现产品价值的最大化，使供应链成为一个紧密相连、协调一致的整体。

供应链就像一棵枝叶茂盛的大树：生产厂家与商家为树根，地区代理为骨干，分销商为树枝与树梢，绿叶红花为最终用户，每个树根与树根之间的节点都是各环节中一次又一次的商品流通，树体之脉为信息管理系统等。

供应链与大自然中各类动物之间的食物链有非常相似的地方。在"昆虫—老鼠—兔子—老虎"这种较为常见的食物链关系当中，如果昆虫全部灭亡，那么老鼠就会饿死，于是兔子也会因为没有食物而灭亡，从而导致老虎的消失。所以，在食物链系统中，生物体通过捕食或被捕食的关系相互联系，形成了一个复杂且紧密相连的网络。每个生物都在这个系统中发挥着重要作用，如果食物链中的任何一种生物受到破坏，如某个特定的物种灭绝，那么依赖这个物种的其他物种也将受到影响，进而导致整个生态系统的平衡被打破。用相同的理论运用到供应链当中，如有一条供应链，其中有一家企业 B，如果该企业不够重视供应链中其他各要素，只注重内部产品研发，加上另一家企业 A 不能及时向企业 B 提供原材料，那么企业 B 的发展很可能受到限制，从而拖累整条供应链的发展。

二、供应链的概念框架

供应链定义的重点是核心生产企业的链状关系，即核心企业与供应商、供应商的供应商等所有前端关系，与顾客、顾客的顾客等所有后端关系。

从图 1-1 可以看出，供应链的组成节点是相关的加盟企业。一般情况下，供应链的链条中会有一个核心企业，该企业可以属于制造领域，也可以属于零售领域。在需求信息的辅助驱动下，通过企业在供应链上的职能分工，以资金流、物流体系和服务流为媒介，可实现整个供应链的不断运转。

供应商　　制造　　装配　　分销　　零售　　客户

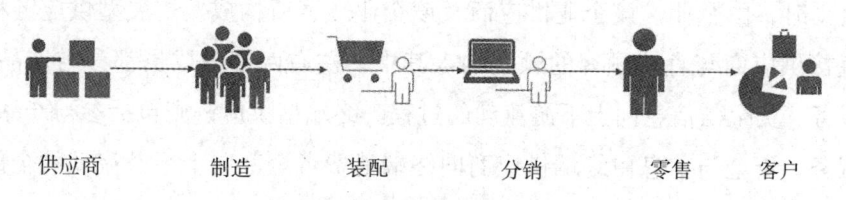

图 1-1　供应链的概念模型

三、供应链的分类

现实之中，供应链类型划分标准体现在以下几方面：

（一）在范围上有所不同

根据供应链范围的不同，可以将其分为内部供应链和外部供应链两种主要类型。所谓内部供应链，是指采购部门、生产部门、仓储部门和销售部门参与到企业内部产品生产和流通过程中并由此构成供需网络的过程。另外，外部供应链涉及企业以外的供应链活动，主要是指企业与外部供应商、分销商、客户等其他供应链参与者之间的互动，包括从原材料的采购、产品的生产和加工，到最终产品的销售和分配的全过程。与内部供应链相比，外部供应链的范围更广，涉及的企业数量更多，包含了更为复杂的上下游关系和更多的交易环节。因此，管理外部供应链通常比管理内部供应链更为复杂，需要更多的协调和合作。

内部供应链和外部供应链虽然在管理重点和操作范围方面存在明显差异，但它们是相辅相成的。企业通过高效管理内部供应链提升自身生产和运营效率，通过有效协调外部供应链以保证原材料供应的稳定性、产品的及时交付和市场需求的满足。

（二）复杂程度不一

按照供应链的复杂程度，可将其划分为直接型供应链、扩展型供应链、终端型供应链。直接型供应链在产品、服务、资金及信息向上下游流动时，由企业、该企业供应商及该企业顾客所构成。扩展型供应链将直接供应商与直接顾客的顾客纳入其中，左右两部分成员都参与产品、服务、资金与信息向上下游流动的过程。终端型供应链则包括参与产品、劳务、资金与信息由终端供应商向终端消费者全部向上下游流动的全部组织。

（三）稳定性差异

供应链稳定性对于供应链的分类有较大影响。据此，可将供应链划分为以下两类：一是稳定性供应链，二是非稳定性供应链。稳定性供应链一般建立在同时具备稳定性和单一性特点的大市场需求基础上，非稳定性供应链建立在同时具备变化和复杂需求的大市场基础上。实际管理运作时要求供应链的构成随需求的变化而发生相应的变化。

（四）容量需求的差异

依据供应链能力与消费者需求的匹配程度，供应链可以被划分为均衡型和偏斜型。每个供应链都拥有一系列相对固定的生产和设备能力，这包括从供应商到制造商、运输商、分销商乃至零售商的各个环节。然而，市场需求却是持续变动的。在供应链能力与市场需求相匹配的情况下，供应链将趋向均衡状态。但市场的持续波动往往会导致成本增加、库存积压和资源浪费，使企业运营远离最优状态，进而使供应链出现偏斜。这就需要对供应链进行重新设计，目标是优化供应链，以使其保持最佳运行状态。实现供应链优化的策略包括：①运用信息技术优化生产策略；②削减物流成本；③实现供应链主要环节之间的平衡，如实现采购成本最低化、生产规模效益最大化、分销成本最低化、市场产品多样化，以及资本快速周转等。

（五）功能差异

供应链管理中，可以根据其在物流操作、市场应对及满足客户需求方面的能力将其分为三类：有效性供应链、反应性供应链和创新性供应链。有效性供应链侧重如何高效地将原材料转化为成品并进行分配，其核心在于以最小的成本完成生产和物流任务。反应性供应链是对市场需求变化的快速响应，尤其是在面对市场需求的不可预测性时如何迅速调整生产和分销策略以满足消费者的即时需求。创新性供应链是根据消费者的偏好和市场趋势来创新产品和服务的，不仅要满足现有的需求，还要引领市场潮流，通过不断地创新来满足甚至创造消费者新需求。这三种供应链各有侧重，共同构成了一个多元化、高效率和强适应性的供应链体系，使企业能够在激烈的市场竞争中保持优势。

（六）企业的地位差异

根据企业在供应链中的位置和作用，可以将供应链划分为非盟主型供应链和盟主型供应链两种类型。

非盟主型供应链是指由许多独立节点组成，但没有任何成员参与管理的供应链。在非盟主型供应链中，各企业之间位置相差较小，同等重要。盟主型供应链是由几个不同的企业组成的供应链。盟主型供应链中有一个或几个强势企业（盟主）主导整个供应链的运作和管理。这些盟主企业通常具有较强的市场地位、品牌影响力、资源控制能力或关键技术等，能够对供应链的设计、运营，以及上下游企业的选择和管理产生决定性影响。

第二节　供应链管理的基本理论概述

从运营管理角度来研究供应链问题可以说由来已久，供应链管理由三部分组成，即采购与供应管理、生产和运营管理、物流管理。

然而，真正将运营管理引入供应链管理领域却是最近几年才兴起的事情。随着企业竞争的日益加大，企业要想在激烈的市场竞争中立于不败之地就必须提高自己的竞争力。而如何提升竞争力呢？运营管理中的库存研究在供应链管理中属于基础性的研究部分，这是因为无论是在企业内部还是在企业之间，库存都是影响运作效率高低的脉动。以斯坦福大学李效良（Hau Lee）教授为代表的一批学者开始了库存管理视角下的供应链管理。牛鞭效应（bullwhip effect, BE）可以说是最为本质和具有实践意义的理论，也是供应管理（从运营管理的角度看）的基本理论。

然而供应链管理并不都是运营管理。在供应链管理中，除了运营管理外，还存在着许多与之相关的其他方面的问题。这些问题也可以用一个新的概念——供应链管理中的运作学加以解释。准确地说，库存、牛鞭效应等构成了供应链管理的"理"，研究企业之间关系的学说构成了它的"文"。这些管理理论主要有交易成本经济学（transaction cost economics, TCM）、代理理论（agency theory, AgE），其中最核心的就是对买卖双方关系（buyer-supplier relationship, BuE）的研究。

交易成本理论以购买或操作为中心。企业获取资源有两种途径：一是自己生产、竖向集成，像 20 世纪初福特汽车那样，从炼铁矿、汽车销售等，应有尽有。这种优势在于拥有控制权，劣势在于某些生意不一定是它最好做的，因而也不一定是最省钱的。二是向市场购买，像当今西方盛行的外包战略一样，除核心竞争力外，都外包给专业公司。其优点在于买方可以集中精力去做他所擅长的事情，不足之处在于买方减少了对增值全过程的把控，加强了买卖双方管理的难度（造成交易成本上升）。当交易成本上升到一定程度时，买方可能会竖向集成，即朝并购的方向发展。交易成本理论是在竖向集成和对外采购之间权衡相应的代价来确定企业采取何种策略。企业在选择合作伙伴时应该考虑哪些因素？交易成本理论认为，影响交易成本大小的主要因素是交易双方之间的信息不对称程度和机会主义行为倾向。信息不对称导致交易费用增加。

代理理论（agent theory）研究的是如何监督和约束职业经理人。公司所有者由于时间、技能或其他资源的限制，无法亲自处理公司的所有事务，因此需要雇佣职业经理人来履行这些职责。然而，这种委托关系带来一个问题：职业经理人（代理人）可能不会始终按照公司所有者（委托人）的最佳利益行事，这主要是由目标不一致和信息不对称导致的。当代理理论应用于公司与公司之间，便是供应链管理。与交易成本理论类似，代理理论也体现在契约中。

一、供应链管理的作用

（一）对企业内外资源进行管理

通过与供应商、生产商、分销商、零售商，以及其他相关企业建立紧密联系，加强供应链管理，可促使企业之间形成基于风险共担、利益共享的战略合作伙伴关系。这种合作关系可促进资源的有效共享和流通。而且，通过应用恰当管理策略，如同步运作、精细化管理、供应商参与产品设计等，可以使供应链各环节快速响应市场需求变化，有效管理外部资源，提升自身的运营效率和市场竞争力。此外，加强供应链管理还可以帮助企业实现对外部资源的最大化利用，包括生产资源和创新技术，提升企业的灵活性和市场响应速度，使其在激烈的市场竞争中占据优势。

（二）降低企业的成本

大量实践证明，加强供应链管理能够有效减少企业的整体成本。在供应链的各个环节中，企业能够提高准时交货率，同时缩短从下单到生产的周期。此外，参与供应链的企业的生产效率会显著提升。这表明供应链中各企业通过协同工作、密切配合，能够共同提高企业效益。试想，制造商若全面负担从产品开发、产品制造到营销的全过程，不但需要背上沉重的投资包袱，还需要很长时间。运用供应链管理模式可以在最短时间内识别并结合最适合的合作伙伴，实现资源与技能的最佳组合，以确保产品以最低的成本、最快的速度和最高的品质赢得市场份额。这样不只是会使单一企业获益，还会使整个企业网络获益，从而吸引更多企业关注供应链管理。对于需求稳定、利润较低且生命周期较长的功能型产品，企业可以通过加强与供应商的协调，实现库存最小化和成本最小化。而对于需求不确定性高、利润短于生命周期的创新型产品，企业则应更注重供应的速度和灵活性，并有效管理产品库存，以应对需求的不确定性。通过适当的供应链管理策略，企业可以降低产品物料成本，满足不同市场对产品的需求。整体而言，加强供应链管理能够降低企业的总成本，这一点主要在以下四个方面得到体现：

一是通过在供应链各企业间分享信息，可以有效避免信息扭曲引起的"牛鞭效应"，减少或完全消除库存过剩或不匹配引发的各种浪费。

二是供应链内各环节企业集中于满足客户需求，专注于自己具备的专业技术和相对优势，通过专业化和规模化操作，实现规模经济，获得成本优势，同时利用专业能力减轻产品研发成本负担。

三是通过建立稳固的长期战略伙伴关系，企业间可以进一步降低交易成本。

四是运用延迟制造技术，增强协作效率，能够最大限度降低资金成本和流程成本，提高供应链的整体效益。

（三）降低内部组织的成本

在供应链成员间分享经营信息，能够使企业以较低的成本获取及时且准确的市场信息,进而做出正确的战略决策。采用先进信息技术可促进供应链信息的流通,降低组织管理所需的信息成本,并提升内部管理监控的效率。此外,在供应链管理中,企业业务流程得到重新组织,更加合理化,有助于进一步节省组织内部的成本。通过有效的供应链管理,企业可以提升生产效率,解决供应网络信息传递中的矛盾,从而提高响应速度和客户满意度。

(四)提升企业持续核心竞争能力

企业的竞争优势不仅来自能够以低成本快速发展自身的能力,还源自能够产生强大竞争力的核心能力。由于资源有限,企业无法在所有领域都占据优势,因此需要将资源集中到自己擅长的核心业务上。核心竞争力是企业独特的内在能力,它可以让企业在特定市场上获得持久的竞争优势,表现在关键技术、设备及企业运营机制的结合方面就是多种能力的集合。在实施供应链管理策略时,采用信息共享、同步化操作和业务外包等策略,可以使核心企业专注于自身优势领域,提升自身核心能力。同时,供应链中的其他企业也能专注于自己的优势领域,实现规模化和专业化的经济效益。有效的供应链管理有助于增强供应链的核心竞争力,降低整个供应链的成本,缩短产品开发周期,提升服务质量。

二、供应链管理思想

一般来看,供应链管理的基本思想主要包括以下几点(图1-2):

"横向一体化"　"合作与竞争"　"最终客户导向"　"多流集成"　"信息化"管理

图1-2　供应链管理思想

（一）"横向一体化"

在供应链管理中，"横向一体化"指的是企业将自身的一些非核心业务通过外包的方式交由合作伙伴执行，以充分利用外部资源。通过与业务合作伙伴建立稳固的战略同盟，企业能够进一步提高效率和降低成本。例如，两个同行业但在不同地理位置的零售商会选择在物流和供应链管理方面合作，以减少运输成本和提高供应链的灵活性。又如，几家公司会共同投资一个共享的仓储设施，以实现成本共享和效率提升。在实际生活中，很多最终交付到客户手中的产品并不一定是由某一厂家独立完成的，而是从原材料的环节开始，一层层生产制造而来的，此类产品的生产周期不是"点式周期"，而是多级的"链式周期"。

（二）"合作与竞争"

企业间既存在竞争也寻求合作，这种关系被称为合作竞争。该思想包含以下两个主要方面：一是曾经的竞争对手会选择跨越原有的竞争界限，形成战略联盟或伙伴关系，共同在研发领域进行投资，开发新技术或产品，并共享创新成果。二是企业会选择将非核心零部件的生产外包给专业供应商，通过这种方式，企业与供应商建立起合作关系，共同面对市场竞争。

（三）"最终客户导向"

"最终客户导向"的思想是将顾客满意作为所有管理活动的首要目标，以最低的成本实现对最终用户的最佳服务。"最终客户导向"思想体现在供应链的各个环节，包括产品设计、原材料采购、生产、物流配送、信息流管理等。它要求供应链中的每个参与者都要从最终客户的角度出发，理解客户的需求和期望，并在此基础上优化自己的服务和产品。

（四）"多流集成"

在供应链管理中，"多流集成"管理思想是指在供应链的各个环节中，有效地整合和协调物流、信息流、资金流以及业务流等多种流程，以提高供应链的整体效率和响应速度。在过去，这些流程往往是孤立和间断的，这种分割阻碍了企业之间的协调合作，进而影响到了整个供应链的竞争力。然而，供应链的高效运作不只依赖物品的顺畅运输（物流），还依赖信息的即时共享（信息流）、资金的快速流转（资金流）以及流程和活动的有效管理（业务流）。通过这四个流程的紧密集成和优化，供应链企业能够更灵活地应对市场变化，更快速地满足客户需求，降低运营成本和提高服务质量。

（五）"信息化"管理

"信息化"管理是通过采用先进的信息技术手段来实现供应链目标的策略，其核心目的是构建一个能够快速响应市场变化和客户需求的供应链系统。信息化管理可以使供应链中的各个环节实现信息的即时共享和流通，从而大幅降低交易成本，提升物流与操作的整体效率。

三、供应链管理模式

一种能够成功的供应链战略是企业商业战略的延续。如何在竞争激烈的市场中保持领先地位呢？关键是在哪里找到有价值的客户、如何与客户进行有效沟通、如何满足不同层次消费者的需求、如何使顾客满意等。

供应链的设计思路，试图在客户要求和供应链复杂度之间进行权衡，重点考虑了供应链细分过程中的投资和细分供应链之后的回报。从这个意义上讲，企业间的竞争实际上是供应链之间的竞争，而供应链运作方式则取决于供应链管理理论的发展程度。目前比较流行的供应链管理模式主要有纵向一体化、横向一体化、垂直整合等。表1-1描述了四种特定供应链模式及其适用性。

表1-1　四种供应链模式及其适用性

模式	特征	优点	缺点	适用对象	经典案例
高效率供应链	要求供应链的各个环节，包括搜集产品、采购、运输、货物接收、库存、销售、退换货品等，都要在不影响销售额的条件下，进行低成本运作	满足产品或供给要求的同时，成本达到最低	容易形成紧张的上下游关系，不利于满足变化的需求	产品差异性小、竞争激烈、利润率不高的企业	沃尔玛、宜家
快速反应供应链	与客户联系紧密，在需求或供给环境激烈变化时，仍能满足应急需求	快速地响应客户的需求	为达到灵活性而设置了更多缓冲，增加了成本	设备维修、电信维修、医疗紧急救助等所需要的紧急零部件供应	丰田、戴尔
创新供应链	与客户关系紧密，针对多变的市场需求进行及时灵敏的反应	满足客户不断变化的需要	对信息系统的质量要求较高，需要付出一定的成本	市场产品变化较快的行业	Zara、三星电子
多态供应链	同时拥有多条供应链	兼顾差异化的需求	供应链较为复杂	—	通用汽车

第三节　供应链的设计与优化

一、供应链体系框架的设计

进行供应链框架设计时必须充分考虑供应链上下游企业间的主客体

关系，并适当设计主客体企业间的责任、义务和利益。供应链之所以能获得个别企业不能实现的收益，关键在于调动并协调参与产品设计、产品制造及产品销售全过程中的各种资源。在供应链建设中，企业方应该思考如何使多个企业生产过程同步化，尽可能减少不协调带来的停顿、等待和过量生产。因此，供应链中需要建立起一套完整而有效的系统来支撑这个过程，即供应链管理系统（supply chain management system）。而且，在设计供应链时还要关注供应链环境下的生产计划和控制系统等，这些至关重要。

在建设供应链时，还要关注如下要点：

（一）延迟制造

延迟制造是一种供应链上的产品制造方式，它把产品制造过程划分为通用化和差异化两个阶段。制造企业做到仅制造中间产品或者可模块化零件，并尽量推迟产品差异化作业，待最终用户提出产品外观、功能及数量需求时，才完成产品差异化作业。

（二）VMI

VMI是一种以用户与供应商双方均获得最低成本为目标，在一个共同协议下由供应商管理库存，持续监督协议执行情况，修正协议内容，使库存管理持续改进的合作性策略。

此外，在供应链建设中必须兼顾物流管理。供应链建设中既要重点关注物流网络优化与配送中心选择，又要确保运输线路优化与物流作业方法改进。而且，配送中心选址决策对物流系统运行起决定性作用。配送中心是联系工厂和顾客的中间桥梁，它的选址通常决定了物流的配送距离、配送模式等，从而影响到物流系统运作的效率。因此，企业如何根据自身实际情况来科学地进行配送中心选址就显得尤为重要了。本文从这一角度出发对现代物流系统下配送中心的选址展开研究（图1-3）。

》供应链管理和信息化技术

图 1-3 物流选址影响因素

1. 交通因素

①运输时间：运输时间在物流分配中至关重要，能否按时把货物运至配送中心或把货物由配送中心运至销售处，是物流的关键。如果运输时间过长会降低效率，而过短则会浪费运输成本。因此，在进行物流系统规划时就要考虑车辆路径问题。具体而言，要确定需要行驶的路程、道路状况，以提高物流的效率。②运输可能度：运输可能度体现在运输程度上，即运输越方便，运输商品越大，物流之运量亦越大。③运输便利性：配送中心须有便利交通条件。从成本效益角度考虑，应在城市中选择一个经济发达、人口密集的区域作为物流节点，而且选址时应尽可能远离闹市区和居民区等敏感点，减少对周边居民生活的影响。同时，宜在交通枢纽附近布置，如邻近港口、铁路边或者机场等处。

2. 经济因素

①投资收益率：实际决定一个物流配送中心成立与否时，主要考虑投资能否有回报，收益率越高，利润就越大。②物流费用：在配运中心位置选择中，物流费用为最主要的考量因素。物流配送系统主要包括运输、仓储和装卸搬运三大环节，其中，运输成本占总成本 70% 左右。随着社会经济的发展，物流业的地位也越来越突出，已成为现代经济体系不可分割的组成部分。多数配送中心都会选择靠近物流服务需求大的地点，如靠近大型工业和商业区，以减少运距、运费及其他物流费用。不

同区域由于路况或当地经济发展状况的影响，管理运营费用也不相同，要尽可能选择运营费用相对低廉的区域建立配送中心。③劳动力条件：物流配送中心建成后，现代化运行对机械化处理设备提出了更高要求，而劳动力数量和质量也成了影响配送中心选址的主要条件。

3. 环境因素

①自然环境：自然环境因素对物流配送中心有很大影响，主要表现在气候、地形等方面。②经营环境：主要指地方经营环境、商品特性和服务水平等因素。

二、供应链设计原则

供应链的设计要从目标市场出发，对市场客户进行细分，确定为客户服务的宗旨，使供应链能够适应市场的需求并保证利润。在具体设计供应链之时，要体现以下几个指导思想：首先，为了实现资源的优化配置，供应链可以实现整体效益最大化；其次，应该快速响应客户反馈，使供应链设计更加灵活；最后，实施整个供应链系统的技术发展战略，采用供应链绩效衡量方法来衡量满足最终客户需求的效益。

供应链的设计有以下几个指导原则（图1-4）：

图1-4 供应链设计原则

（自顶向下和自底向上相结合原则、协调性原则、简洁性原则、动态性（不确定性）原则、集优原则、创新性原则）

(一)自顶向下和自底向上结合原则

1. 自顶向下

一种由全局向局部转化的方法,是一种分解过程。它包括自下而上和自上而下两种类型。自下而上:从下至上的方法,属于整体过程;自上而下:从下到上的方法,属于部分过程。这几种方式都是由上层来进行指导。

2. 自底向上

一种由局部向全局过渡的方法,是一种集成过程。在供应链系统的设计中,要求上层进行战略规划和决策,然后由下层的部门执行决策过程。

(二)简洁性原则

简洁性是供应链设计的一个重要原则。为了能使供应链具有灵活、快速响应市场的能力,供应链的每个节点都应是简洁而有活力的,能促进业务流程快速组合。例如,供应商的选择就应以少而精为原则,和少数供应商建立战略伙伴关系,有利于减少采购成本。

(三)集优原则

集优原则即所谓强强联合原则,遵循这一原则能够促进供应链优势互补,优化供应链资源配置,并且有助于降低生产成本、提高劳动生产率,以及推动先进技术研究,以扩大市场占有额,获得更高经济效益。集中优势资源进行专业化生产与经营。在现代市场经济条件下,企业之间存在着竞争关系和联合关系,这种竞争主要是以产品为中心,通过规模经济来获得市场竞争的主动权。强强联手的各个公司只要投入自己的核心经营过程中去,都是自我组织的,都可以在供应链上迅速实现经营重组。

(四)协调性原则

协调性描述的是一个系统能否形成一个能充分发挥其成员及其子系

统能动性、创造性，以及系统同环境之间整体协调程度。

尽管每一个企业或者部门都发挥着很好的作用，但如果各企业或者各部门之间步调不同，协同性较差，那么作为供应链整体也就无法很好地发挥作用。供应链系统整体作用的发挥依赖其结构系统内各企业或者部门之间的协调性，尽管各企业或者部门职能都不是十分完美，但是其协同程度较高，结构比较合理，作为供应链组成部分发挥着重要作用。

（五）动态性（不确定性）原则

动态性（不确定性）原则就是指在引入时间因素时，无法对事物特征与状态进行全面而精确地观察，难以准确预见。不确定性产生的原因有两个，一个是复杂性，另一个是变化速度。复杂性导致信息膨胀，各要素间联系具有因果模糊性，同时瞬息万变使决策很难与变革同步。实际当中，企业在经营中必须充分考虑到这种不确定性。由于不确定性给企业带来了一系列问题，所以对其进行分析并加以控制具有重要意义。影响不确定性因素可分为外部与内部两种。不确定性主要来自供应者和生产过程自身，此外顾客需求的改变也可能导致不确定性。减少不确定因素的解决之道包括信息共享、提高透明度，以及减少无谓的中间环节。

（六）创新性原则

创新性原则是指勇于突破种种旧的思维框架，而以新视角、新视野来考察原有管理模式与制度。创新一定要以企业总体目标为导向，符合战略目标。在企业管理中实施"以客户为中心"的服务理念是创新的前提。同时，企业应根据自身特点确定符合自身实际情况的发展思路和目标，使之具有鲜明的特色。此外，企业在进行创新时，还应从市场需求的角度出发，结合自身的能力和优势，激发企业员工的创新精神，汇聚各方智慧，与其他企业合作，利用整个供应链的综合优势，来构建科学的供应链评估体系、组织管理结构等。

供应链管理创新将是未来企业管理创新研究的重点。本文探讨了企业如何通过供应链管理来实现其经营目标，创造最大价值，提高企业竞争力，实现持续发展。企业必须从战略高度认识到供应链管理的重要性。供应链之所以能够带来独特的竞争优势，是因为它基于对所有参与伙伴的特殊能力进行有效的优化配置。为了实现创新的突破，企业需要在多个层面上，与供应链中的合作伙伴展开广泛的沟通，包括联合进行培训、共同制定提升计划、达成长期合作协议，以及在绩效评估和利益分配等方面达成共识。虽然这样做耗时长、投入管理资源多，但是竞争对手很难照搬。

三、供应链设计的系统观

第一，设计供应链需考虑到它的整体性，供应链系统整体功能的发挥依赖其结构系统内各组成企业和部门之间的协调。第二，必须考虑到供应链中的相关性问题，这种相关性所揭示的是系统中各要素间及系统和外部环境间的联系。第三，供应链还需考虑结构性、有序性和动态性等因素。因为供应链设计按供需关系进行，而核心企业和供应商、供应商和供应商、销售商和销售商一层又一层网络结构现实存在，使供应链结构表现出有序性。此外，整个供应链中均存在着物料流、信息流和资金流三种形态流。上游企业了解下游信息需求并将供给信息及材料传递给下游企业，而资金流通常呈现出从下游流向上游的态势。第四，必须考虑到供应链的目的性和对环境的适应性。它是以提高企业竞争力，加大竞争优势为目的，以满足顾客需求和降低成本获得利润为目标的动态联盟。而且因为任何系统中都有某种物质环境在起作用，外部环境的改变必然会导致系统内各个要素发生改变。所以，要维持供应链原有的特点，供应链系统就要有适应环境的能力。通常情况下，供应链目标系统所受环境影响因素包括：政治法律环境因素（如政治局势、方针政策、国际关系、法律法规），经济环境因素（如经济发展水平、经济体制、区域及产业发展情况），地理环境（如人口环境、地理气候环境），技术环境及社会文化环境，它们或多或少都影响着供应链传动。

四、供应链的结构模型

供应链的拓扑结构模型可以分为三类：静态链状模型、动态链状模型以及网状模型。

静态链状模型如图1-5，其可以清晰地表现产品的最初来源、中间过程，以及最终去向。该模型以其线性和单一方向流动为特点，通常包括从产品原料获取到产品最终到消费者手中的整个流程。在这一过程中，首先由供应商提供原料，制造商负责将这些原料加工成半成品或成品，最后通过分销商将产品输送到消费者手中。每一环节都伴随着增值的过程，如原材料的加工和产品的装配，而整个供应链的每个环节都是预先设定好的，相对固定不变。

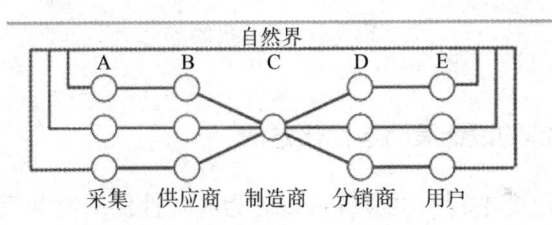

图1-5 静态链状模型

动态链状模型如图1-6。在动态链模型中，商家被抽象为节点，产品的初始来源和最终目的地也被抽象，重点关注中间过程动态研究。动态链状模型能够根据市场需求和供应情况的变化，动态调整供应链中的物流路径。在大多数情况下，物流仍然遵循从供应商到制造商再到分销商的传统流程。然而，这一模型允许在特定情况下逆转物流方向，如为了满足特定的回收需求或为了满足定制化生产的需求，产品或原料可能需要从分销商流向制造商，甚至供应商。

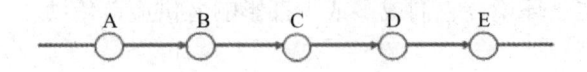

图 1-6 动态链状模型

网状模型如图 1-7 所示，反映了现实世界中产品的复杂供应关系。理论上，网状模型可以覆盖世界上所有制造商，所有制造商都被视为网状供应链中的一个节点，默认情况下，这些节点之间相互连接。当然，连接强度可分大小，并且它们是不断变化的。

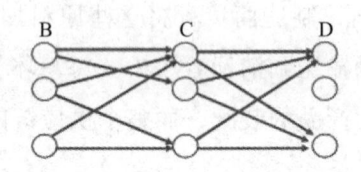

图 1-7 网状模型

五、供应链的设计策略与优化方法

从产品的角度来看，供应链可以分为有效性供应链和反应性供应链。有效供应链的核心是削减各类不必要的开销，降低产品成本，从而在市场上获得价格竞争力。这种供应链模式侧重根据明确的产品需求预测，通过与物料需求计划（MRP）或企业资源规划（ERP）系统的集成，同步客户订单、生产进度和采购活动，实现供应链内库存最小化和生产流程的高效运转，以缩短产品的交付周期，提升供应链整体的效率及企业的市场竞争能力。供应商、制造商和分销商之间的信息流尤为重要，它可以及时反映供应链中各个环节的情况，并通过信息共享协调上述三者之间的活动，从而进一步降低成本。

反应性供应链的核心是提高产品的可获性，以最快的速度响应用户未知的需求，以把握市场新机遇。这类供应链要求企业能够对消费者需求的变动进行快速响应，为了达到这个目的，反应性供应链强调整个系统的灵活性和适应能力，能够在变化的市场环境中保持竞争力。在挑选供应商时，该供应链模型更看重供应商的快速交货能力及其适应市场变化的速度，而不是只注重成本最低。在库存管理与生产决策方面，其也倾向于追求高度的灵活性，以应对市场需求的不确定性。此外，反应性供应链不仅注重内部信息流的高效传递，如生产计划和库存状态等，还重视市场信息的快速获取和响应，如消费趋势和客户偏好的即时反馈。

有效性供应链和反应性供应链的对比如下表 1-2。

表1-2 两种类型供应链比较

比较项目	反应性供应链	有效性供应链
基本目标	对不可预测的需求快速反应，以减少缺货、降价等，并使库存最小化	以最低的成本有效地满足可预测的需求
生产方面	配置多余的缓冲能力，容易进行产品的切换	有效控制生产成本，保持较高的平均利润率
库存策略	配置零部件或成品的缓冲库存	实现高周转使得整个供应链的库存最小化
提前期策略	大量投资以缩短提前期	在不断增加成本的前提下尽可能缩短提前期
供应商选择标准	根据速度、柔性、质量进行选择	根据成本和质量进行选择
产品设计策略	用模块化设计尽可能延迟产品差别	以绩效最大化且成本最小化或者降低销售价格等措施来促进整个供应链的有效运行

当采用有效性供应链管理功能型产品时，通过减少内部开支并加强与供应商及分销商的合作，可以有效降低供应链成本。但这可能会使系统的整体效率受损，甚至会给企业带来潜在风险。因此，对企业的运营

模式进行创新设计，是提升整体绩效的关键。在采用反应性供应链管理创新产品时，通过实现产品设计的高度标准化，增加可预测性组件，可以有效地降低需求的不确定性。此外，通过缩短生产前置时间和增强供应链的适应性，企业能够实现按需生产，迅速满足市场变化，提供定制化产品。在需求不确定性被最大限度降低或规避之后，通过合理设置安全库存和调整生产能力，可以进一步减轻由缺货造成的影响。

第四节 供应链管理的机制与目标

一、供应链管理的机制

供应链运作的对象是物流、信息流和资金流。供应链管理实际上是一种以"竞争—合作—协调"机制为基础，以企业整合和运营协调为保障的新型企业运营模式。供应链管理通过合作机制、决策机制、激励机制和自律机制来实现其目标（图1-8）。

- 合作机制
- 决策机制
- 激励机制
- 自律机制

图1-8 供应链管理机制

（一）合作机制

供应链合作机制是战略伙伴关系和内部资源整合与优化的体现。随着经济全球化的加速和信息技术革命的发展,传统的以供应商为中心的供应管理模式已不能适应新形势的需要。随着产品生命周期的缩短和客户需求的多样化,企业越来越倾向于模块化、设计简化和组件标准化,提高对市场变化的敏感性。虚拟制造和动态联盟等新模式的出现,进一步促进了供应链合作机制的发展。通过供应链合作机制,企业可以更灵活地使用业务外包战略,根据市场需求快速调整生产能力和资源配置。供应链合作机制的实施,促使企业之间从简单的交易关系转变为更深层次的战略伙伴关系。在这种机制下,企业通过共享信息、技术、市场和资源,共同开发新产品,共享市场风险和收益,从而提升整个供应链的竞争力和市场响应速度。

(二)决策机制

由于供应链上的企业决策信息源已不再局限于企业内部,而是在一个公开的信息网络环境中不断地交换和分享信息,以实现供应链上企业同步化、集成化的规划和控制目标。当互联网/企业内部网演变为一种新型的企业决策支持系统时,其决策模式也会发生很大变化,所以任何一个供应链上的企业,其决策模式都应是一种建立在互联网/企业内部网络基础上的开放性的信息环境群体决策方式。

(三)激励机制

供应链管理(SCM)同其他任何管理思想一样有效推动企业参与竞争,而"TQCSF"是它们取得上佳业绩的手段。企业的竞争力主要取决于其核心能力:即它能否提供给顾客满意的服务与价值。核心能力包括以下几个要素:①速度型战略;②效率型战略;③创新型战略。T是时间,意味着快速反应,如提前期短和交货快;Q是品质,意味着对产品的把控,对工作和服务质量的高度要求;C是费用,公司应该用最小的费用获得最大的回报;S是服务,公司应该持续改进客户服务水平,增加用户满意度;F是柔性,公司应该具有更好的应变能力。

（四）自律机制

自律机制要求供应链企业和本行业领头企业或者与其竞争最为激烈的竞争对手保持一致，持续评估产品、服务以及供应链业绩，持续改进，保证其持续发展。例如，广州到天水的物流企业要想在激烈竞争中立于不败之地，就必须建立一套有效的自律机制。引入自律机制后，公司能够降低成本、增加利润及销售量、对竞争对手有更深入的认识、提升顾客满意度等，进而提升公司整体竞争力。

二、供应链管理的目标

供应链管理的目标是通过最小化总成本、优化服务质量、减少库存总量、降低整个生产周期的成本等来取得最佳效益。在努力实现这些目标的同时，企业也需要解决这些目标之间可能出现的冲突和矛盾，以保证供应链整体绩效的最大化。简言之，供应链管理的核心在于在成本、服务、库存和生产周期之间寻找最佳平衡点，从而推动整个供应链向着更高效率和更强竞争力的方向发展（图1-9）。

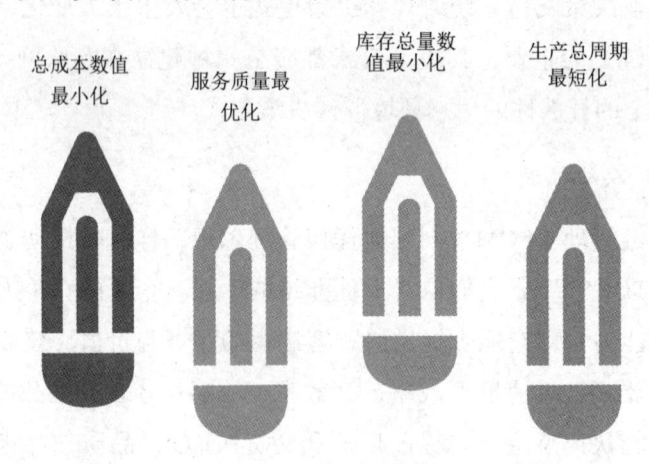

图1-9 供应链管理目标

（一）总成本数值最小化

在供应链整体链条中，各环节成本之间相互关联和制约。如果某个节点发生了问题，那么其他的相关环节也会受到影响，从而导致整条链的效率降低。因此，如何协调好各方面的关系就成了当前供应链中亟待解决的关键问题之一。因此，要想实现总成本最小化目标，就必须将整个供应链视为一个统一的有机体，通过各成员企业之间的紧密协作和协调，促进实体供应、制造装配以及实体分销等物流环节之间的平衡。总成本数值最小化并不是单独压缩某一环节的成本到最低，而是关注整个供应链运作和管理过程，实现所有环节成本总和最小化。

（二）服务质量最优化

在构建高效供应链物流网络结构系统时，保障总成本与顾客服务质量之间的平衡至关重要。供应链物流管理的核心在于以客户为中心，因为顾客满意是供应链持续运作和成功的基础。因此，供应链管理的一个主要目标是在保持总成本最低的同时，优化整个供应链的顾客服务水平。这意味着，供应链的所有环节，包括原材料采购、生产加工到最终产品的分销和交付，都需要围绕提高客户满意度进行优化和调整。

（三）库存总量数值最小化

根据"just in time"管理思想，库存作为供应链不确定性的产物，任何形式的库存积压都是一种浪费。因此，在设供应链库存管理目标时，需要使库存总量维持在最低的限度。供应链总库存目标最小化的实现依赖整个供应链的控制水平，而不只是某一个成员企业库存水平的最低。

（四）生产总周期最短化

在当前激烈的市场竞争环境中，时间已经成为决定竞争成败的关键因素之一。随着供应链体系的高度发展，市场上的竞争已经转变为供应

>> 供应链管理和信息化技术

链与供应链之间的较量,其中时间管理——特别是如何快速有效地响应客户需求,缩短供应链的整体周期——成了核心竞争要素。因此,企业必须缩短从原材料采购、生产,到成品交付客户的整个流程的时间,从而提升整个供应链的响应速度和灵活性。

第二章 供应链运作管理

运作技术的支持是所有管理思想实施的关键,供应链管理也不例外。本章主要讨论供应链运作管理技术,包括供应链管理生产运作技术、物流运作技术、营销运作技术,以及财务运作技术等。

第一节 供应链管理生产运作技术

一、企业的资源配置规划

企业资源计划(enterprise resource planning, ERP),是一种企业信息管理软件,建立在信息技术基础之上,由物料需求计划(MRP)演变而来,并拓展了 MRP 的功能,核心是供应链管理,而且其以非传统企业为限,在供应链范围内进行资源的优化配置。

ERP 的主要作用包括以下几点:①实现业务数据与信息的集中共享,建立一体化的信息处理平台。②规范业务流程,降低重复和无效的工作负担,使业务信息标准化,为大数据分析提供基础,减少业务处理的随机性,从而加强企业基层管理的效率并确保质量的提升。③数据的自动处理提高了准确性和时效性,使分析方法更为规范和多元化,可降低工作负荷,使管理层能够将更多精力集中于业务流程分析、学习和应用现代管理技术上,促进现代管理技术在企业中的应用。④增强企业内部控制能力。通过明确分工和及时控制,可保证工作流程的高效执行,同时使问题能够在各个环节中得到及时反映。系统还能为绩效评价提供必要的信息,帮助企业更有效地管理和监控员工的工作表现和成果。⑤促进部门间各项业务的自动化协调,有效降低库存水平,提高资金流转效率,并增强部门之间的沟通与协作,建立团结协作、高效运转的组织环境。⑥在辅助决策方面,ERP系统使企业决策层能够实时、清晰地掌握企业运营的动态信息,并通过系统提供的模拟和预测工具,帮助决策者进行更加精准和合理的决策(图2-1)。

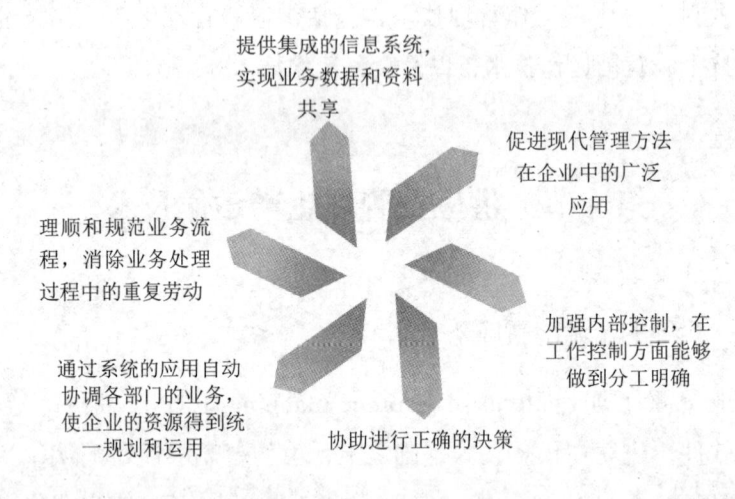

图2-1 ERP主要作用

- 提供集成的信息系统,实现业务数据和资料共享
- 促进现代管理方法在企业中的广泛应用
- 理顺和规范业务流程,消除业务处理过程中的重复劳动
- 通过系统的应用自动协调各部门的业务,使企业的资源得到统一规划和运用
- 协助进行正确的决策
- 加强内部控制,在工作控制方面能够做到分工明确

(一)ERP对企业的价值

1.ERP对企业管理的价值

要想很好地进行企业管理,就要关注企业的工作流程、部门的权责、岗位职责等,而ERP可以提供帮助。

(1)企业工作流程规范化:如通过智邦国际ERP系统把各项工作数据统一到系统中进行管理,可实现对各个环节的时刻监控,完全把企业各项制度、规范执行到位,而通过该系统的规范化,也能有效地提高企业工作效率,避免某些不必要的交流与环节。

（2）部门责权明确：在一个体系中，各个部门责权均可设定，有助于更清楚地了解各个部门的责权，并使各个部门明确本部门工作情况。通过该体系，部门间可进行快速交流，如采购部完成采购后，订单及其他资料可直接转到仓库部进行管理，便于仓库部对商品进行比对清点。

（3）岗位职责明确：通过本系统，对每一位职工进行权限设置，职工在其权限范围之内，可在本系统中迅速调阅与岗位有关的资料，对岗位有更多的了解，从而快速熟悉工作并投入其中。

2.ERP对管理者的价值

对一个企业而言，企业管理者是领头羊，决定着一个企业的发展方向，他们工作效率的高低和决策力的强弱决定着工作成效的好坏。所以在新时代下，ERP系统被广泛地应用于现代企业管理中。ERP系统可以帮助管理者提高效率，并为管理者的决策奠定基础。

（1）全天候办公：出差在外管理者难免遇到突发情况，如果利用ERP系统，就可随时随地调阅企业各个部门及员工工作内容，以达到无障碍办公及审批。

（2）提高工作效率：利用一整套系统管理各部门，各项事务均可在ERP上进行，可避免QQ和邮箱等通信工具往返转换，大大节约时间，同时减少了不必要的开会。在系统内部，可随时掌握员工的工作情况，方便办公。

（3）快速决策：从ERP系统内部，可了解企业各个部门、各个环节。基于此，管理层可根据统计功能及时控制各个环节的状况，继而迅速进行决策，发现企业存在的问题并引导企业迅速发展和壮大。

3.ERP对员工的价值

对企业而言，提高员工工作效率、节约企业人力资源成本、协助员工成就自己、铸造更强的队伍是最终目标，对于此，ERP可提供辅助。

（1）提高工作效率：系统中每一位员工均可按其职位权限查看与工作有关的全部内容，减少不必要的沟通环节，实现平台切换，从而有利于员工以最快的速度投入工作中去,提高员工工作效率。借此系统,可清楚了解新入职员工工作交接情况,熟悉以前职位工作人员工作内容,从而更快、更高效地完成工作任务。

(2)系统内部办公:在系统内部员工不仅可以切换系统办公,还可执行各项日常事务。例如,智邦国际ERP内部,诸如日程、报告、物品申请等均可进行系统内部执行,而只要网络存在,不管是高铁上、机场还是家中,ERP均可进行快速执行,方便办公。

(二)ERP系统在物流管理中的作用

1. 提升效率,减少误差

利用ERP系统能够大大提升企业物流信息的传递效率和准确性。通过优化信息流通,ERP不仅能节省管理层的时间和精力,减少信息不对等导致的决策错误,还能加快物流决策过程。ERP系统能整合内部数据与外部信息资源,实现物流数据的持续共享与即时查询,推动物流数据管理向规范化、精细化、科学化发展,全面促进企业物流管理的结构性优化。

2. 促进科学化决策

在竞争激烈且多变的市场环境下,科学决策对企业尤为重要。缺乏ERP系统支持的企业往往难以有效掌控市场信息,影响决策效率。ERP系统改变了传统依赖个人经验和主观判断的决策模式,通过整合信息的管理,可实现动态监控和控制,为决策提供坚实依据。这有助于企业迅速做出决策和策略调整,不断提高管理效率和企业的整体运营水平。

3. 突破库存管理困境

库存管理是企业运营中至关重要的一环,然而由于管理能力的局限,物料缺乏和过剩库存往往是企业面临的常见问题。通过整合ERP系统,利用其先进的信息技术,能够实现物料需求与供应的平衡,为物资采购决策提供科学依据。此外,ERP系统能够针对库存管理的具体问题,实现仓储物资存量的合理规划，既满足生产需求，又最小化库存量和资金占用，有效地加快资金流转速度，从根本上解决库存管理的难题。

二、延迟生产

（一）延迟生产的概念

随着全球化进程的推进，各国之间的贸易壁垒逐渐降低，企业面临全球市场的激烈竞争。这种竞争不仅体现在产品质量、价格上，还体现在对市场需求的快速响应能力和定制化服务上。传统的生产模式已经无法满足企业快速响应市场需求和提供定制化服务的需求，因此延迟生产应运而生。

延迟生产，也称作生产延迟或延迟策略，是一种为适应大规模定制生产而采用的策略，通过这种策略，制造商将供应链上的定制化活动推迟至接到订单为止，也即在时间和空间上推迟定制化活动，使产品和服务与顾客的需求实现无缝连接，从而提高企业的柔性以及顾客价值。

（二）延迟生产的优势

1. 降低库存与过时风险

进行延迟生产，其存货基本上都是以规格、体积有限的通用半成品形式存放，直到收到客户订单后，才进行下一步的加工活动。半成品占用资金少，且其通用程度越高，其过时风险也就越低。产成品与零部件相比，体积、重量要大得多，而且容易过时。延迟生产要求只对通用中间产品的需求量进行预测，而不对各个具体的最终产品的定制化需求进行预测，减少或避免了因预测偏差而产生的大量库存积压，以及因需求预测不一致而产生的缺货风险。

2. 高效地实现产品种类多样化

延迟生产的产品设计采用模块化、标准化的方式，在标准化模块的基础上发展多样化产品。一般用较少品种和较小规格的零部件组合成用以满足各种顾客需求的产品，以较低的成本提高顾客满意度，减少由产品种类不能满足顾客需求而引起的缺货损失。

3. 缩短交货提前期

延迟生产中，企业可针对市场需求的不断变化，将生产过程分为通用化生产与定制生产两个阶段，事先在通用化生产过程中生产出标准化的产品，一旦接到订单，就根据订单要求完成产品的差异化生产与交付，从而提高快速反应能力。

（三）延迟生产的分类

1. 时间延迟

时间延迟指的是将产品的最终生产或加工阶段推迟到更接近实际需求的时间点。这种策略允许企业根据市场的实时需求信息来做出生产决策，从而避免因预测不准确而产生库存积压或产品短缺问题。时间延迟通常适用于那些生命周期短、需求波动大的产品，如时尚服饰、电子产品等。通过时间延迟，企业可以更加灵活地应对市场变化，提高库存周转率和资金利用效率。

时间延迟可以在产品生产的多个阶段实施。例如，在制造阶段，企业可以先生产通用的零部件或半成品，等接到订单后再进行后续的加工和组装。在分销阶段，企业可以建立更加灵活的分销网络，根据实际需求来调整产品的库存和配送计划。通过时间延迟，企业可以实现从"推动式"生产向"拉动式"生产的转变，提高生产效率和市场响应速度。

2. 地点延迟

地点延迟是指在更接近最终市场的地理位置进行产品的生产或加工活动。通过地点延迟，企业可以降低运输成本和关税支出，提高产品的可获得性和客户满意度。

地点延迟的实现需要企业建立全球化的生产和分销网络，并根据不同地区的市场需求来调整生产和配送计划。例如，企业可以在全球范围内设立多个生产基地和配送中心，根据当地的市场需求来组织生产和配送活动。同时，企业还需要加强供应链管理和协调，确保不同生产基地和配送中心之间的顺畅运作和高效协同。

3. 形式延迟

形式延迟是指将产品的最终定制或组装活动推迟到更接近客户需求的时间点进行，通常适用于那些需要高度定制化的产品，如汽车、家具等。通过形式延迟，企业可以实现更加灵活和高效的生产。企业可以预先生产通用的零部件或半成品，并根据客户的具体需求进行后续的定制和组装。

4. 功能延迟

功能延迟是指将产品特定功能的实现推迟到更接近客户需求的时间点进行，通常适用于那些特定功能或服务产品，如软件、智能设备等。通过功能延迟，企业可以根据客户的实际需求来开发或调整产品的功能，以满足客户的特定需求。例如，企业可以预先开发一个通用的软件平台，并根据客户的具体需求来定制开发相应的功能模块。这种开发方式不仅可以降低开发成本和风险，还可以提高软件的适应性和可维护性。同时，功能延迟还可以帮助企业实现产品的持续创新和改进，增强市场竞争力。

（四）延迟策略实施的前提

延迟策略可以将供应链中的产品生产流程分为静态和动态两个阶段，其中静态阶段主要生产高通用性的标准化部件，而动态阶段是在接到客户订单之后迅速进行产品的个性化制造和交付。这样有助于提升生产过程的灵活性，允许企业以固定的、标准化的生产环节应对多变的市场需求，从而显著缩短产品的交货时间，降低供应链运营中的不确定性。

然而，并非所有产品都适合采用延迟策略，也就是说，在施行延迟策略时需要满足一定的条件：

第一，产品必须具备模块化生产特性。在进行产品设计时应该考虑将其拆分为多个独立的模块，并根据需要对模块进行组合或处理，以满足不同客户的个性化需求。这种模块化设计是延迟策略成功实施的重要前提条件。

第二，零部件必须具备标准化和通用化特点。即使产品进行了模块化设计，但如果零部件不具备标准化和通用化特性，也将阻碍延迟策略的实施。只有当零部件能够在不同的产品中通用，并且具有统一的标准规格，才能确保产品的完整性和质量。

第三，经济可行性。延迟策略往往会增加生产成本，所以需要保证延迟实施能带来的益处超过这些额外的花费。在具体应用中，如果最终产品的重量、体积或者种类有大范围的变动，选择在产品的最后阶段进行定制化加工会显著减少运输和库存成本，从而在简化的管理过程中提高经济收益。

第四，适当的交货期。过短的交货期会削弱延迟策略的有效性，因为在产品的最后制造和加工阶段需要留有充足的时间。反之，如果交货周期过长，则可能不需要采用延迟策略。因此，确保交货周期处于一个合理的范围内是发挥延迟策略优势的关键。

第二节　供应链管理物流运作技术

一、第三方物流系统

第三方物流（the 3rd party logistics）这一概念来源于管理学上的"外包"，其含义是由专业的物流服务提供商（通常称为第三方物流公司）提供的物流管理和运输服务。这些公司独立于产品的生产和销售企业之外，专门为客户提供物流方面的服务，包括货物运输、仓储管理、配送服务、供应链管理等。第三方物流系统通常基于先进的信息技术和物流管理技术，旨在降低物流成本、提高物流效率、增强供应链的灵活性和可靠性。企业可以委托第三方物流公司处理物流和供应链管理问题，从而集中精力于核心业务，降低运营成本，提升竞争力。第三方物流是现代物流业发展的产物，也是社会经济发展到一定程度的必然结果。由于具有降低成本、提高劳动生产率等特点，其越来越受到企业界及学术界的重视。我国目前正处于快速发展时期。所以第三方物流也被称为合同制物流。

第三方物流（3PL）提供商不直接参与商品的所有权、购买或销售活动。它们通过与企业合作，提供专业的物流服务，如物流系统设计、电子数据交换（EDI）、货物运输、报告管理、运输商选择、海关代理等。3PL已经在全球范围内广泛应用，成为国际商业活动中的一个重要组成部分，并被越来越多的公司采纳。目前，超过100个国家在开展3PL业务。3PL服务的典型特点包括但不限于物流系统的设计、货物集运、信息管理和储存等。

纵观当今中国物流行业，第三方物流企业存在两大运作业态：

（1）第三方物流的本质是基于委托的法律关系，属于物流行业的基础服务形式。

委托代理关系产生的主要原因是信息不对称。实际当中，为了办理委托人的事务，受托人按委托事项付出一定的代价，并按实际付出的成本加利润接受成本。委托人未履行告知义务，导致受托人装备等遭受损失，而且受托人已经履行审查义务，受托人免除责任并导致第三人遭受损失时，第三人应当直接对过错委托人进行追偿。在实际的操作过程中也经常会按照委托合同的相关规定进行调整。另外，受托人在办理委托事项时，由于无法归责自己的事由而遭受损失，则可请求委托人赔偿。因此，第三方物流的核心是根据客户的需求提供定制化的物流代理服务，这种服务在中国的物流领域尚处于发展阶段，许多物流公司的建立都是基于这种原有的委托关系。

（2）物流企业在满足客户需求的基础上，以自己的名义寻求与供应商、代理商，以及分销商的合作，并向客户提供相匹配的储藏、运输和包装服务，帮助客户制定适当的物流方案。这个过程通常涉及与特定客户（通常是连锁企业）建立稳固的合同关系，利用物流公司的品牌与生产商建立广泛的商品关联，并与终端客户形成长期的合作联盟。

  这种模式是第三方物流业务中较为先进的一种经营形式。根据第三方物流企业的特定活动，可以认为这是一种隐性的代理行为，而非纯粹的交易行为。本文将对隐名代理问题进行初步探讨。隐名代理是根据英美法律体系定义的一种特定代理形式，在此种形式下，代理人得到委托人的授权，在自己的名下与第三方签约。在签约时，第三方明确知晓代理人和委托人之间存在代理关系，代理人只有在代表委托人利益行事时，才需对委托人承担责任。与行纪相比，其显著不同在于行纪人只能代表自己在国外活动，因而其与第三方的合同行为不能代表委托人。这一理论最早出现于20世纪80年代的美国，随后逐渐被其他国家所接受。我国目前也存在类似的情形。随着经济全球化进程的加快，第三方物流越来越受到人们的重视。在具体操作中，生产商、供应商与第三方物流企业之间形成了一种买断或代理的商业关系。第三方物流企业基于终端客户的需求，处理订单分配、加工等事务。在这种模式下，第三方往往清楚地知道物流企业实际作为某终端客户的代理行事，但物流企业是以自己的名义而不是以终端客户的名义与第三方进行交易，且最终客户承担相关责任。需要指出的是，若物流企业越界行事以追求自己的利益，其行为是不成立的。而如果第三方的错误行为给终端客户造成了损失，则应直接向终端客户负责。由以上所述可知，第三方物流这一高级业务其实就是隐名代理。

  使用第三方的物流系统，企业可以获得诸多益处，包括以下几点：

  （1）压缩成本。第三方物流公司通常拥有更高效的物流网络和资源，能够通过规模化运作和资源整合实现成本的降低，帮助企业节约物流成本。

  （2）使企业更加注重核心业务的发展。将物流活动外包给专业的第三方物流公司，企业可以专注于核心业务的发展和提升，减少在物流管理方面的精力和资源投入。

（3）提升服务质量。第三方物流公司通常具备更专业的物流管理团队和技术设施，为企业提供更高效、更可靠的物流服务，从而帮助企业提升服务质量和客户满意度。

（4）快速进入国际市场。第三方物流公司往往具备丰富的国际物流经验和资源，在国际市场拥有完善的物流网络和合作伙伴，能够帮助企业快速进入国际市场，拓展业务范围。

（5）获得信息咨询。企业可以在第三方物流公司获得专业的物流咨询服务，进而实施合理的物流方案和策略。

（6）获得物流经验。通过与第三方物流公司合作，企业可以借鉴和学习物流行业的先进经验和管理方法，提升自身的物流管理水平和能力。

（7）降低风险。第三方物流公司承担着物流活动的责任和风险，可以帮助企业降低物流环节的风险和不确定性，提升供应链的稳定性和可靠性。

二、卖方管理库存

供应商管理库存（VMI）模式是供应链中上游企业（如制造商）对下游企业（如零售商）的库存进行监控与调整的一种模式。在此模式中，制造商根据零售商的销售数据预测其库存需求，一旦检测到需要补货，制造商即会自动向物流中心下达发货指令，以确保零售商库存的及时补充。VMI方法中，销售点（POS）数据、连续补货计划（CRP）和其他技术被用于支持库存管理。尽管在VMI模式下，库存决策主要由供应商控制，零售商依然保持对店内布局及货架安排的决策权。

实施VMI策略需要进行以下操作：①创建一个全面的客户信息系统，以便有效管理销售和库存，通过整合客户数据，供应商可以融合批发商的需求预测与分析能力。②构建一个高效的在线销售管理系统，使供应端能够确保其产品和物流信息流畅无阻。③供应商与零售商共同制定合作框架协议，明确订单处理流程及库存管理的关键参数，以确保供应链的高效运作。

三、计算机辅助订货（CAO）

计算机辅助订货（CAO）是一种利用计算机系统自动产生补货订单的方法。随着产品销售，计算机自动记录销售和库存数据，生成销售和库存报告。当库存降至预定的订货点时，系统将自动触发新的订单。一旦零售商审批，这些订单即被发送给供应商。

CAO系统在一个订单中要考虑如下因素：①实际销售与预期销售。该系统的核心是根据消费者行为数据进行决策，以保证库存水平适当。销售数据储存在POS数据库中，CAO系统利用这些数据预测下一个补货周期的销售情况，并据此确定订单数量。进行销售预测时会考虑促销、季节性波动以及其他特殊事件的影响，确保订单反映预期销售、现有库存及任何未完成订单的状况。②安全库存水平，即商店为避免售罄而保持的最小库存量，具体基于POS数据的销售历史来确定，有助于确保在下一次补货前，库存水平得以保持。③物流有效订货量。系统先计算理论值，然后根据物流信息进行调整，以满足贸易条件要求。这些信息存储在产品、价格和促销数据库中。④准确的库存水平。为了生成订单，系统需要准确了解当前库存中的产品。因此，需要实时或定期的库存系统来维护准确的库存水平。⑤影响需求的特殊因素。CAO系统需要考虑季节变化、促销、节假日、天气条件等特殊因素对需求的影响。门店店员可以在必要时手动调整订单，一旦确认，订单将通过EDI采购订单消息自动发送给区域分发中心（RDC）。CAO系统的自动化库存计算节省了大量人力，并且由于发货数量与货架所需数量匹配，因此补货过程更加简单（图2-2）。

第二章 供应链运作管理

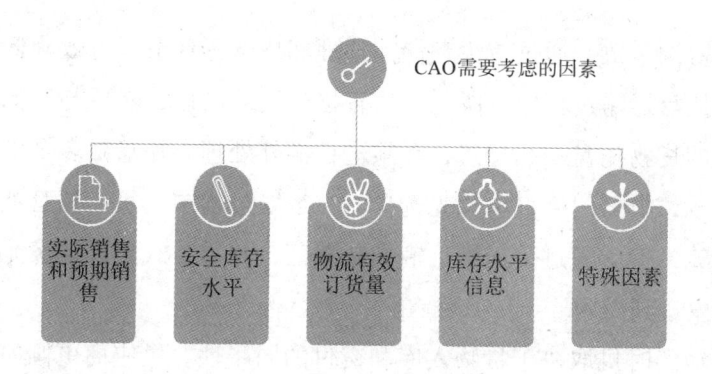

```
           CAO需要考虑的因素
    ┌────┬────┬────┬────┬────┐
 实际销售  安全库存  物流有效  库存水平  特殊因素
 和预期销   水平    订货量    信息
   售
```

图 2-2 CAO 影响因素

使用 CAO 系统可以消除手动操作，缩短从确定订单到交货的时间。通过 CAO 系统，货架上的每种产品只保留少量库存，甚至为零。这种精确的订购方式可以提高效率并减少浪费。

商店中产品的可用性对零售商和供应商具有十分重要的意义。通过 CAO 系统，RDC 可以制订更精确的补货计划，因为其能够访问每家店铺的销售数据，更准确地预测整个网络的需求，而非仅基于个别门店的订购行为。这样有助于提升店铺服务水平，降低库存量。

四、连续补货计划

连续补货计划（CRP）是一种将传统零售商的订货流程转换为供应商与零售商之间合作伙伴关系的系统。在该程序下，补货数量基于零售商的实际库存和销售数据而确定，目的是确保零售商的库存始终保持在合理的水平上。信息通过 EDI 交换，CRP 系统可由供应商或第三方直接使用，以推进更高效的补货流程。CRP 的主要目标是减少库存、改善服务水平、提高运输效率，并节省零售商的劳动力成本。

五、通过式运输

中转是一种物流配送系统，仓库和配送中心并非用于长期存储货物，而是为了及时将货物配送至零售商店。这种配送模式要求仓储和相关活动高度协调一致。通过减少存储、整理和拣选等环节，有效降低配送成本。在托盘运输过程中，所有货物直接运送至出口，然后与其他供应商货车上的货物托盘一起分组，无须进行额外处理。托盘由多个供应商的产品组成，根据门店订单预先选择。在运输过程中，每个托盘被分解成多个滚笼，然后通过传送带运输到装载区，并与装载到其他滚笼中的货物一起发送到商店。

运输的时机取决于货物入库和交付的同步性。供应商更倾向于频繁地进行小批量交货，而不是偶尔进行大批量交货。这样做的主要目的是在提高运输效率的同时，减少甚至消除零售配送中心的库存。联运的特点是交货周期非常短。

通过采用不同的运输方式，可以实现灵活多样的操作。RDC可以根据需要直接提供所需数量的产品，也可以进行拆分，根据门店订单的要求将货物组合后发送到目的地。对于零售商而言，这种方式有助于顺利运营，并减少资金占用。同时，由于RDC仅用于商品配送，而不用于存储，因此减少了仓库面积。因此，每平方米的货物周转量会增加。另外，物流所需时间较短，可延长产品的保质期。产品在客户手中更新鲜，减少了在达到销售日期时无法销售的产品数量。最后，采用RDC可以改善门店管理。

对于供应商来说，由于订单增多，小批量配送数量增加，卡车无法满载，运输成本增加。这些影响可以通过微小的程序变化来缓解。如果订购的货物数量不能装满一辆卡车，供应商可以增加一些货物来装满卡车。这些多出来的货物是从第二天的订单中扣除的，但是需要存放在RDC中。这种方法叫作滚动库存，它特别适用于快速交货。

六、CRP POS系统

CRP POS系统的实施，有助于消除传统的门店订单，取而代之的是商店通过EDI将销售和库存数据发送给CRP，然后由RDC系统确定下一步将运送到商店的内容。这种系统有助于进一步缩短 RDC 与门店的交付周期。通过这种方式，商店不再需要手动订购商品，从而提高了商店的劳动生产率。

门店对各种产品的需求波动较大，而交货时间会受到生产周期和距离等因素的影响。只有通过 RDC 才能全面了解商店的需求以及供应商的各种限制。因此，由 RDC 管理的 CRP POS 系统可以更有效地组织产品在 RDC 和商店之间的流动。及时的补货必须与销售率相联系，以保证货物供应跟得上需求。

日常销售成为订单的基础时，易腐品并不会在短时间内变质。通过 CRP POS 系统，订单可以快速生成，交付周期也会缩短，这有助于更好地管理门店的订购流程，有效利用门店配送车辆，并减少 RDC 下订单数量的变化。

七、商店电子收货系统

商店电子收货系统是一种利用电子技术来管理和处理商店进货、验收、登记和存储等流程的系统。该系统通常包含一套软件和硬件工具，能够自动跟踪货物的接收、检查和入库过程。通过消除纸质接收文件，系统自动化记录每一笔购买记录，减少手工输入数据时可能出现的错误。该系统的实施便于实时进行库存管理，从而提高库存管理的效率。另外，商店可以实现一个与仓库管理系统相连的电子配送系统，保证商店收到的商品信息与仓库发出的一致，减少了重复操作和可能出现的错误。

八、仓库电子收货系统

仓库电子收货系统在仓库环境中应用，其工作原理与商店的电子收货系统相似，但在某些方面进行了优化以适应大规模仓库操作的需求。零售商使用手持式扫描仪扫描到达仓库的货物（托盘或箱子上的条形码），简化验收过程，并保证数据的准确性。接收到的信息被直接传输到仓库管理系统中，进行电子检查和订单核对，可以提高数据处理的效率。RDC 的特点是自动分拣，这要求箱子上必须有条形码以支持快速处理。这种方式比传统的手工拣选更高效，因为它减少了人工输入的时间。

九、实时盘货系统

实时盘货系统是一种先进的库存管理工具，它通过自动跟踪商品的销售和收货来实时更新库存数据。与传统的库存系统相比，这种系统能够提供更精确的库存信息，帮助商店更有效地管理库存，减少缺货或过剩的情况。

在传统的库存管理方法中，商店主要通过每日手动盘点货架上的商品数量或者基于商品进出流量的记录来估计库存水平。这些方法通常涉及大量的手工操作，容易出错，而且无法提供实时数据。例如，员工会在每天结束时，通过汇总当日交货量、扣除销售量来更新库存记录。这种方法不但耗时，而且准确性受限于人为因素和记录系统的效率。相较而言，实时盘货系统通过整合销售点的扫描系统和电子收货系统，自动跟踪和记录商品的销售和收货。当商品在销售点被扫描时，系统即刻从库存中扣除相应数量。同样，当新的货物到达并通过电子收货系统被确认时，系统会自动增加库存数量。这种即时更新的机制能够保证库存数据的实时性和准确性。

实时盘货系统对操作中使用的数据的准确性有较高的要求。因为任何在销售点扫描或电子收货过程中的误差都会直接影响库存数据的准确性。为了解决这一问题，实时盘货系统通常搭配定期的循环计数方案。循环计数是一种定期盘点库存的方法，用于检测和校正记录数据中可能出现的任何错误或遗漏。这样可以帮助保持库存数据的准确性，发现潜在的操作问题，如盗窃或损耗，这些是单靠电子收货系统难以记录的。实时盘货系统的实施能显著提高库存管理的效率和准确性，使企业能够实时响应市场变化，优化库存水平，减少资金占用，提升顾客满意度。然而，要充分利用这一系统的优势，商店需要确保销售点和收货过程的高度自动化和准确性，同时定期进行物理盘点以校验和维护数据的准确性。

十、POS 数据库

POS 数据库是零售业中一个核心的数据存储系统，用于捕获、存储并分析消费者在销售点的购买行为。这个数据库不仅记录了每一笔销售的详细信息，包括产品、价格、数量和时间等，还能够存储与零售促销相关的数据。通过分析这些数据，零售商可以更好地理解消费者行为，优化库存管理，提高销售效率，并制定有效的促销策略。POS 数据库通常包含多种类型的记录，这些记录根据存储的时间范围和分析目的被分为不同的类别。具体来说，POS 数据库可以分为三种形式：①本周记录。这部分数据关注当前活动和最新信息，提供一周内每日的销售进度、销售预测、安全库存水平，以及缺货产品的详细信息。这种类型的记录是实时库存管理和短期补货决策的依据。②每周记录。与本周记录相似，每周记录以周为单位进行分析，总结过去每一周的销售情况和购买趋势。这种记录有助于零售商从更长周期的角度分析销售数据，对于制定销售预测、优化订购决策，以及调整促销策略等有着重要的价值。③全部记录。这包含了以上两种记录外的所有其他现有数据，如初始销售预测、缓冲库存水平和基于连续补货计划（CRP）生成的每周每日订单数量等。这部分记录为零售商提供了一个全面的数据视图，包括历史销售数据和长期库存管理信息。尽管这些信息对于单个产品的性能分析和未来补货调整来说不是特别有效，但它们对于评估整体销售策略、优化库存结构和长期规划来说至关重要。

十一、POS 扫描

POS 扫描是零售业中用于捕获销售数据的关键技术。它依赖准确扫描欧洲文章编号（EAN）来记录商品的销售信息。这种方法的核心在于条码本身，它是商品信息的编码表示，包括商品的生产者、产品类别以及唯一的商品识别号。制造商需要对 EAN 系统及其在不同国家的应用有深入的了解，确保所使用的编码可以在全球范围内被正确识别和处理。

十二、POM 系统

采购订单管理（purchase order management, POM）系统是处理零售商向供应商发出的所有订单的系统。这个系统的关键功能是管理和优化补货过程，特别是在零售 RDC 补货的应用场景中。POM 系统能够根据产品信息、价格和促销数据库中的数据生成采购订单，以确保订单的准确性，减少可能出现的定价错误等问题。

在生成采购订单之前，POM 系统会检查 RDC 中的库存情况，确定需要补充的商品种类和数量。然后，系统通过 EDI 发送采购订单消息至供应商的执行系统，从而触发补货过程。除了向供应商发送订单，POM 系统还负责更新零售商的应付账款系统，保证发票和订单的信息能够精确匹配，从而便于财务管理和审计。

十三、卷型笼排序

卷型笼排序是一种针对零售商店补货流程的优化方法，旨在确保从区域分发中心（RDC）发往商店的货物在装载时就按照商店货架的布局顺序进行排列。这种方法考虑到了商店内商品摆放的实际需求，通过对货物的智能排序，显著提高了商店卸货和上架的效率。

在实践中，卷型笼排序的核心原则是将属于同一产品组的产品放置在一起，并根据在商店中的放置顺序来安排它们在卷型笼中的位置。理想情况下，先上架的商品应放在卷型笼的上层，而后上架的商品则放在底层。这一做法简化了卸货流程，确保了货物可以按照上架顺序迅速移动到相应位置。但是，产品的易损性和重量也需要被考虑进来，以避免在搬运过程中造成损坏。不同于传统的装卸优化方法，通常只注重 RDC 的操作效率而忽略商店端的实际需求，卷型笼排序法着眼于整个供应链的效率，特别是在提高零售店铺的运营效率上。通过与计算机系统的配合，可以准确决定每种产品在卷型笼中的摆放位置，从而实现最重的产品放在底部，较轻的产品放在顶部的理想状态。这不仅有利于防止货物损坏，还能使得卸货过程更为顺畅。

此外，卷型笼排序还采用了集中放置同一订单项目的方法，即使这意味着部分卷型笼的空间不被充分利用。这种做法简化了卸货过程，避免了分散放置所带来的混乱和效率低下问题。即便某些产品因缺货而未能装载，系统也会为其预留空间，保证不会被其他产品替代，从而维护了订单的完整性。

尽管在 RDC 中实施卷型笼排序可能会略微增加成本，如因缓冲空间增加而增加的空间占用成本和由于距离增加而增加的员工监督成本，以及由于卷型笼装载不足而增加的运输成本，但其带来的优点是显著的。连锁商店越多，好处就越明显，节省的开支也就越多。

十四、SKU 预测

库存量单位（SKU）预测是供应链管理中的一个关键环节，旨在通过精确预测每个库存单位的需求来确保高效和及时的产品交付。准确的 SKU 预测可以帮助企业优化库存水平，减少库存积压和缺货情况，从而提高客户满意度和企业运营效率。

（一）预测方法

高效的补货预测模型采用以下方法：

1. 基线预测

基线预测即短期补给需求的预测，而非长期生产计划的制订。这种预测通常在每周的第一天进行，依据的是前一周的实际销售数据和预测结果。通过分析过去一周的销售表现，企业可以调整其库存策略，以确保足够的产品供应来满足即将到来的一周内的消费者需求。

2. 日常控制

日常控制是对基线预测的一种补充和细化，它关注如何应对消费者需求的每日重大变化。在日常控制过程中，企业必须具备灵活调整每日订单的能力，以应对市场需求的快速变化。

3. 季节性因素

来自收银机数据库和预测模型的数据可以用来总结前一周的销售数据，并估计季节性需求。统计方法可以用来解决因需求变化而产生的问题，使预测工作顺利进行。在没有历史数据的情况下，应储存外部输入的数据助力补货计划。

4. 趋势分析

时间点数据也被用来确定一般的销售趋势。

5. 市场调整

根据特定市场因素调整预测。这些因素包括营销策略变化、新产品推出、销售方法变动等。通过对这些外部因素的考量，预测模型能更准确地反映实际市场情况，从而指导更有效地补货决策。

6. 评估

可以在实际和预测销售的基础上进行评估。评估预测的准确性有助于改进未来的预测。

（二）预测实践

预测是根据历史销售数据来预测每个产品在每个销售点的每周需求量。预测通常基于最新可用的历史销售数据进行，通过分析过去的销售趋势，预测未来的需求。

为了更准确地预测消费需求，在每周的基线预测中可使用复杂的技术，如季节性因素和趋势分析。

有些市场条件对系统来说是未知的，必须加以调整。预测模型可以被记录下来，以预测与促销活动相关的消费者需求变化，如在补货周期任何一点上的需求变化。

每周预测与每日需求跟踪相结合，以确定每日订单量。

（三）安全系数的计算

不同的计算方法可以应用于确定每个产品在每个销售点的安全库存水平，以防止需求波动或供应链中断导致缺货情况。

1. 自动计算

基于前一周的预测误差和前一周的安全库存，预测计算中也可使用一个修正系数，考虑到本周销售量或前一周安全库存的变化，给予前一周的预测误差较高的值。

2. 每天的数量

这种计算方法是将日均销售预测量乘以包括的天数。

3. 服务水平

一个能自动计算安全库存的统计方法被用来确定服务水平。

（四）异常预测的管理

当每周的销售失去控制时，就会出现超额预测。鉴于最近几周的正常销售波动，这些控制限值代表了销售规则的上下限。

有三种方法来处理离谱的预测值：首先，忽略最近的预测，恢复到前一周的预测。如果销售量的变化是由于不再存在的波动（例如，销售量的加速），则选择第一种方案。其次，新的预测可以反映当前的销售数据。如果销售数据的变化反映了一个自然的趋势变化，如持续的销售增长或下降，那么更新预测以反映这种趋势是合理的。这种方法认为最近的销售数据变化是有根据的，反映了市场需求的真实变化，因此需要调整预测模型来适应这种新趋势。最后，预测和应急措施可以根据系统外的信息进行调整。有时，市场条件的变化可能是由外部因素引起的，如新的营销活动、竞争对手行为的变化或行业趋势的转变。在这种情况下，预测模型需要根据这些外部信息进行调整。例如，如果零售商计划进行一次大规模的促销活动，那么预测模型应该考虑到这种活动可能带来的需求增加。零售商可以将自己的销售预测和促销计划通知供应商，以确保补货系统可以应对预期的需求变化。

（五）扩展预测

虽然短期补货预测对于日常运营十分重要，但长期趋势和消费者行为的影响同样显著。通过分析历史数据，可以制作出 52 周的延长预测，充分考虑季节变化、市场趋势、促销活动等因素。这种扩展预测对于制定长期战略、优化生产计划和提前规划库存补充具有重要价值。

十五、空间管理系统

传统的空间管理往往依赖直观判断和经验规则，受到多种变量的影响，包括商品种类、顾客流动模式、季节性变化等。然而，随着技术的发展，现代空间管理系统开始利用销售数据和库存轮换数据来科学地优化空间布局。空间管理系统可以将 POS 数据库与其他重要信息源整合起来，包括产品信息、价格、促销活动数据，以及自动货架空间管理工具。在理想的空间管理系统中，可使用基于活动的成本模型来精确计算每种产品的运营成本，实现每平方英尺销售额的最大化，同时确保顾客能够轻松找到他们需要的商品，从而提升顾客的购物体验和满意度。此外，现代空间管理系统还可以提供动态调整的功能，允许零售商快速响应市场变化、消费者行为的变动以及促销活动的影响。

十六、供应商执行系统

供应商在接收到订单后执行后续的补货操作。这个系统的目的是确保订单能够高效、准确地被处理和执行，从而满足零售商的需求并保证供应链的流畅运转。供应商执行系统包括：①订单登录系统。收到的订单会被录进系统，进行确认和编辑，以确保订单的准确性和完整性。②按订单分配产品。系统根据订单要求分配库存中的产品，准备进行后续的提货和送货操作。③组织提货和送货。安排适当的物流和运输流程，以确保订单中的商品能够被及时提取并送达指定地点。④生成提货和发货文件。创建必要的文件和文档，以便于货物的提取、运输和接收。⑤订单处理转入仓库管理系统。处理后的订单信息被转入仓库管理系统，为最终的货物配送做好准备。⑥开始处理账单。完成货物配送后，开始处理与订单相关的财务和账单事宜。

供应商执行系统的工作方式主要分为传统系统和CRP系统以及两者的结合。在传统系统中，采购订单通常是分批进行的。而且，系统会将总需求与特定时间点上的可用产品数量进行比较。如果库存不足，将使用配给系统根据优先顺序分配现有产品，通常优先考虑特定的零售商需求，而非简单地遵循先进先出的原则。CRP系统主要进行在线产品检查，且优先考虑CRP零售商的需求。如果所需产品暂时不可用，系统会考虑提供替代产品。CRP系统的目标是优化库存分配，减少RDC的库存缺货可能性，从而提高整个供应链的效率和响应速度。

该系统的另一个优点是它不再分批检查产品的可用性，因此在补货过程中缩短了订单到交货的时间。在交付不完整的情况下，可跟踪延期订单和修改发票，减少管理工作，减少交付问题，进一步减少重复操作。最终，问题得到了及时解决，完美订单数量（及时完整地交付给零售商的订单，发票正确无误）明显增加。

十七、车辆线路安排

在传统的供应系统中，线路安排主要根据分配给卡车的订单量以及所需覆盖的路线来实施，旨在实现车辆的最大化利用和行程的最短化。然而，这种方法会导致效率低下，如订单执行不完整导致的低卡车利用率或因卡车空间不足而必须延迟交货的情况。此外，当遇到缺货产品时，需要从区域分发中心（RDC）紧急发货，这会增加运输和管理的复杂度。

连续补货计划（CRP）的引入为车辆线路安排提供了一种新的优化方法。CRP 考虑了运输约束，旨在优化供应商配送中心的卡车装载，从而提供了重组运输和简化运输计划的机会。CRP 的目标是确保相对稳定的交付数量，简化固定负载和按时交货的流程。这对于那些变化大且通常低于满载卡车容量的订单来说，是一个显著的改进，因为在这种情况下，规划装运和实现运输节约变得更加困难。

CRP 系统下的一种高效做法是，对销量较小的产品，通过联合多个零售商的 RDC 在同一区域内生成联合订单，从而实现满载配送。这种多交付方式的成本仅略高于单一交付方式，但它有效地避免了 RDC 中的过度库存问题，并降低了库存成本。通过这种方式，可以实现对运输车队的简单分配和对运输需求的清晰传达，使得配送组织工作变得更加简单高效。

十八、车辆载货优化

车辆载货优化是在连续补货计划（CRP）和零售商采购订单管理系统（POM）框架下进行的一项活动，旨在围绕订单大小准备车辆，优化负载和运输效率。

（一）基本订单数量

基本订单数量的确定是补充安全库存并满足订单交付期间产品需求的初始步骤。这个数量是通过 CRP 和 POM 系统的预测模型估计的，并根据需要调整，以保证一定水平的服务质量。

（二）发货优化

1. 物流单元

基于供应商与零售商之间的协议，基本订单数量可以按消费单位或贸易单位计算，并以特定的物流单元（如特殊包装箱、托盘）进行补充。CRP 或 POM 系统会选择与基本订单数量最匹配的物流单元，以优化货物装载。不同的产品根据其特性会使用不同的物流单元，而且不同的配送地点也可能需要不同的物流单元。

2. 卡车装运

确定基本订单数量和相应的物流单元后，接下来的步骤是规划卡车的装载。这个过程涉及根据产品的最大重量、体积或特殊运输需求（如优先运输的产品）来计算装载方案。装载标准应当反映制造商和零售商的物流要求，并且在整个订单审查期间保持不变。

3. 装车

最后一步是优化装车顺序，为每个产品分配装载顺序号，并根据产品类型（如液体或固体、轻或重）及其在托盘上的层数进行分类。

CRP 或 POM 是动态的，允许在审查期间更改建议的订单。无论何时修改订单并准备加载，在订单批准之前，都将模拟整个负载优化过程。

十九、仓库管理系统

在区域分发中心（RDC）内，仓库管理系统扮演着配送活动中心角色。该系统致力通过优化拣选、包装、运输等环节来提升服务效率和质量。它采用高效的补货技术，如运用包装盒、托盘运输，以及对卷型笼的有效排序，确保物流流畅。此外，该系统通过评估运输性能和调整操作参数（如提升仓库周转速度和优化 RDC 的储存能力）来追求操作效率的最大化和成本的最小化。

二十、待上架商品准备服务

待上架商品准备服务（floor ready merchandise）包括生产商在产品发出前进行的预包装和贴标签工作。这一服务根据客户提供的具体包装和条形码标签指示进行，确保商品在整个供应链中无须进行二次包装。

这样可以显著降低重包和标签重制的成本，为用户带来直接的经济收益。

二十一、进店包装服务

进店包装服务可以降低商品交付过程中的处理成本。依据零售商的特定需求和包装指南，生产商将商品进行适当加工、包装，并完成配送。也就是说，制造商可以根据各零售店的具体需求对商品进行个性化包装。在配送中心，商品也可直接包装至专门的展示架上，确保新到货物能迅速且高效地上架销售。

第三节　供应链管理营销运作技术

一、品类管理

品类是指一组在消费者心中被视为相关联且具有可替代性的产品或服务。品类管理是分销商或供应商按照消费者的购买习惯和需求将商品分为不同的品类，并以此作为企业经营战略的核心单元。通过优化品类内部的产品组合和营销策略，可以为消费者提供增值的产品和服务，从而提高整个企业的经营绩效和市场竞争力。

在实践中，品类管理包括一系列相关的活动，一般分为以下七个步骤：

（一）品类设定

举例来说，分销商及其供应商将某一类别定义为"宠物食品和用品"，实际包括所有类型的宠物食品，且用于喂养宠物的产品，如嚼骨、药物、皮带和项圈，也包括在"宠物食品和用品"类别中。为了更好地识别商品类别及其包含的子类别，可以将"宠物食品和用品"类别可分为狗粮、猫粮和宠物用品几大类。第一大类可分为干粮、罐头食品和药品等。

（二）确定"品类角色"

分销商根据供应商提供的产品范围，确定每个品类定义在整体业务中的定位和重要性。例如，如果"宠物食品和用品"是被视为对于吸引目标消费者和增强商店吸引力至关重要的品类，则可以将其定位为"目标品类"。也就是说，该品类将接受更多的资源投入和管理关注，目的是通过优化此类别的表现来吸引和保持消费者的忠诚度。

（三）进行"品类评估"

通过收集和分析消费者、经销商、供应商以及竞争对手的信息，经销商可以识别品类所带来的机会，以及自身在该品类竞争中的优势和劣势。进行品类评估这一过程也包括对品类内各个主要品种经营规模和利润市场份额的评估，经销商需深入了解品类的每个库存计量单元，以便更好地制定策略。

（四）建立品类管理的"品类指标"

为了有效地监控和评估品类管理计划的执行质量，需要建立一套品类指标体系。这些指标可能包括库存毛利率与收益率、销售规模与市场份额、服务水平与促销手段等。

（五）分类营销技巧

实施者需要掌握并实施一系列具体的营销技巧，以优化品类策略的施行效果。这些技巧包括品种组合的优化、价格促销策略的应用、展示规划和功能布局的设计、货架布局的优化，以及产品供应的创新等方面。

（六）实施计划

实施计划应该详细列出实施品类策略所需的所有活动，包括职责分配、进度安排等，保证品类商业计划的顺利实现。

（七）品类检查

品类检查是对品类管理计划执行情况的持续监控和评估，包括对实际结果与预期目标的比较、对经销商与供应商品类指标体系的持续检查。

实施品类管理对于提升销售和运营效率具有很大影响。以中国宝洁公司为例，品类管理的应用带来了显著的正面效果。家乐福东莞店在实施牙刷和牙膏的品类管理三个月后，销售额实现了翻倍增长。经过排除促销活动影响的分析，至少一半的销售提升归功于品类管理的有效执行。同样，在沈阳家乐福，女性卫生巾品类在没有任何其他推广活动的情况下，仅通过三个月的品类管理，销售额增长了90%。这表明，通过系统的品类管理，即便在没有额外促销支持的情况下，也能实现显著的销售增长。

从消费者市场的角度来看，品类管理可以为分销商及其供应商提供一种适应消费者需求变化的有效方式。在一个竞争激烈的市场中，消费者可能不会直接注意到贸易伙伴间效率的提升，但他们会倾向于选择那些能更好满足他们需求的品牌或零售商。因此，虽然品类管理本身不直接创造永久的市场竞争优势，但它的成功实施对于实现长期的运营效率和销售增长至关重要。

二、产品、价格和促销数据库

要想真正提升供应链的效率，就必须关注供应商和零售商关心的问题：产品、价格以及促销信息的数据库管理。这些数据库中的信息是有效客户反应（ECR）概念成功实施的基础。如果缺乏对这些数据的有效管理，无纸化供应链的潜在好处都将无法实现。供应链的每一个信息流节点都需要能够访问和利用这些数据库中的信息，从而避免商品编码不一致等导致的配送错误、销售点扫描价格不符，以及发票与订单不匹配等问题。

在电子数据交换（EDI）系统中，产品、价格和促销数据的沟通通过两种特定的信息传递方式实现：价格/销售目录消息和产品数据消息。这两种消息允许数据库中的产品信息被创建、更新或删除，也使供应商能够将其产品的详细信息及项目代码安全地传递给客户。

因此，为了确保供应链中的补货过程更加高效，对产品、价格和促销数据库中的信息进行准确的管理和及时的访问变得非常关键。这些数据库中的数据需要在供应链的每一个环节上（包括供应商、区域分销中心和零售店）都能够被轻松访问（表2-1）。

表2-1　产品数据

信息类型	信息内容
商品编码	EAN 物品编码 零售商品编码 制造商商品编码
商品信息	商品名称 描述 尺寸
价格信息	成本价格 货架标价
促销定价与条件	促销代码 促销类型 促销有限日期 性能要求
物流信息	包装箱数量 内包装数量 托盘配置信息 卡车载货信息

三、优化品种组合

优化品种组合，是确定消费者可选产品，决定应该从品类中移除的产品。优化品种组合,可以帮助零售商施行差异化战略。选择适宜的品种组合是一个复杂的决策过程,因为对于不同的零售商,适宜的品种组合可能会有所不同。这一过程应当基于对目标顾客需求的深入了解,同时考量市场上已有产品设计多样性和营销策略。同时,还需权衡不同层次品种组合带来的成本与潜在收益,确保新产品的引入以及现有产品的更替都能够满足既定的标准。

制定品种组合,可以采用多种分析方法,包括品种组合分析、市场比较、销售与利润象限分析、新产品目录、替代商品目录、生产力指数分析、产品扩展或替代策略(针对消费者对品牌和单品的延伸需求或替代模式的分析)、顾客忠诚度评估,以及产品差异化分析等。

四、优化促销

优化促销活动是零售商用于吸引消费者注意并促进销售的决策过程。近些年来,随着市场环境的不断变化,促销活动变得越来越频繁。经济增长的放缓,导致消费者对价格的敏感度上升,因此促销策略的作用愈发重要。为了有效优化促销,零售商需要综合考虑多个因素,包括选择适当的促销手段(如打折、发放优惠券、广告宣传、产品展示、提供样品等),挑选产品进行促销,确定促销频率,安排促销活动的具体时间,设计整个促销过程,确定促销的具体地点,以及挑选适合联合促销的产品。

在策划促销之前,零售商应当思考以下几个问题:选定的促销方式是否与公司整体的营销策略保持一致?目标顾客群对不同类型的促销活动有何反应?竞争对手的促销策略是什么?他们可能如何回应促销活动?促销活动将如何影响产品、品类以及零售商的品牌形象?此外,还需要对不同促销活动进行成本效益分析,以确保促销活动能够有效地增加销售,同时维护或提升品牌形象。

五、优化新产品

在当前消费者需求日益多样化的市场环境下,企业推出新产品的速度正在加快,同时产品的市场生命周期在缩短。这种趋势使企业在产品推向市场的过程中面临的时间窗口更加紧迫。为了保证新产品能够迅速获得市场份额,成为企业发展和维持竞争力的关键,供应商与零售商之间的紧密协作变得非常重要。通过高效的合作,可以加速新产品的市场推广,同时通过实施有效的广告和促销策略,可以帮助新产品迅速吸引消费者注意,占据市场优势,从而为企业带来及时的利润回报。

六、优化货架

优化货架技术的重点是在零售商的货架上有效地展示商品,同时管理不同的小类别、品种,以及单品级别的货架空间。实施这一过程,需要考虑商品在商店及过道中的具体摆放位置、商品在货架上的展示方式、货架的服务水平(如保证最低库存天数、补货频次等),以及如何为各个子类别、品种和单品分配合适的空间。

另外,还要确定商品在店内的最佳位置、安排其摆放方式等。在设计商品展示时,需要综合考虑目标消费者群体、竞争策略、营销目标,以及不同展示方法对成本和收益的影响。

第四节 供应链管理的财务运作技术

一、作业成本法

作业成本法(activity-based costing, ABC)是一种财务分析方法,即将企业的直接和间接成本精确地分配到各个主要活动,然后再将这些成本分配到相关的产品和服务，从而超越传统成本会计的局限。ABC方法能够清晰地显示各项活动与特定产品或服务之间的联系，使管理层能够准确把握资源消耗的实际原因，以及各种产品和服务的实际成本，这是进行价值链分析的关键技术。

在20世纪初，企业通常以劳动密集型生产为主，管理成本相对较低，产品和服务种类有限，服务成本几乎可以忽略不计，间接成本的分配往往依赖劳动力或产出等简单指标。这种方法在间接费用占总成本的比例较小的情况下效果显著。然而，进入20世纪90年代，企业的生产、分销和销售环境变得更加复杂多变，间接成本在总成本中所占比重显著增加，通常达到50%～70%，而直接劳动成本的比重则显著下降。这种背景下，基于简单指标的成本分摊方法暴露出越来越多的不足，可能导致管理层对成本和利润的误解。因为传统的成本会计方法往往假设所有产品的间接成本是一样的，而忽略了不同产品在销售支持、返工、批量准备、检查、流程变更等环节的间接成本差异，这可能导致对小型复杂产品成本的低估和大型简单产品成本的高估。

作业成本法是一种先进的战略管理工具，成功地解决了传统成本核算方法中存在的多项问题。这种方法的核心思想在于认识到活动是消耗资源的过程，而产品和服务则是消耗这些活动的结果。对比传统成本会计系统，ABC方法可以用一个简单的比喻来阐释：如果把传统的间接成本分配比作在每片面包上均匀涂抹相同量的花生酱，那么ABC方法则是在考虑到面包的种类及吃面包的人的不同需求后，决定在每片面包上涂抹的花生酱量。这个比喻生动地说明了ABC方法如何根据实际情况来分配成本，而非一刀切地平均分配。

ABC被形象地描述为"将成本放入适当的容器"，这一描述精准地概括了ABC方法指导下分析、分配并积累成本的过程，以及如何将这些成本与具体的产品或服务直接关联，代替了传统方法中基于一般标准进行的估算。例如，利用ABC方法，一名产品经理的工资分配将基于他在各个产品上花费的工作时间来进行。如果这位经理负责三种产品,并且他在这三种产品上的工作时间相等,那么他的工资就会被平均分配到这三种产品上。这种做法在评估不同产品的盈利能力时,相较于传统的基于销售额进行分配的方法,更为合理和精确,因为它避免了对小品种盈利能力的过高估计和对大品种盈利能力的低估。

二、收款系统

在供应商的财务管理中,账户接收部门承担着从零售商处收集付款的任务。以往这一过程往往依赖手工操作,而在采用了更先进技术的企业中,则通过自动化的应收账款系统来执行。

在这个自动化系统中,当发出账单时,系统会自动将所需支付的金额记入零售商的应付账户。随后,一旦供应商接到付款的通知,该笔金额即自动转入零售商的应收信用账户,整个过程无须人工干预,由应收账款系统自行处理。通常情况下,供应商会先收到客户发送的即将支付的通知,具体告知形式为汇款通知。完成汇款后,供应商的银行会发送一个信用通知,表明付款金额已被准确记录。这些汇款和信用通知都会在应收账款系统中为零售商的账户生成相应的记录。随后,零售商会在其财务记录中对应地记录这笔款项。此外,如果零售商未能在约定的支付期限内完成付款,应收账款系统还会自动提醒供应商采取相应措施。

三、付款系统

零售商的财务运作包括管理现金流和决定付款时机,这些任务传统上依赖手工处理。然而,通过引入应付账款系统,这一系列活动现在能够自动完成,大大减少了对人工操作的依赖。

在付款系统中,核对发票和收到的商品后,应付账款系统便会进行更新。接收到商品并基于之前的付款约定,系统将自动执行付款过程。在实际支付之前,应付账款系统会预先向供应商发出即将支付的通知。

当付款流程启动时，该系统会创建并向银行发送一份包含汇款详情的支付确认文件，以便进行电子资金转账。

四、发票系统

供应商的发票系统准备发票，并通过数据交换（EDI）将其发送给零售商。发票系统将订单与发货通知消息进行比较，并确认发票。接着打印发票并将其发送给零售商或通过数据交换（EDI）消息（发票）发送给零售商，也可通过送货通知启动付款流程。

五、电子资金系统

电子资金转账（electronic funds transfer, EFT）是零售商和供应商之间进行电子支付的系统，是一种促进零售商、银行应付账款系统，以及供应商应收账款系统间消息和交易处理的专用工具。

在一个理想的金融交易系统中，电子转账为支付流程的核心环节。零售商通过发送汇款通知（REMADV）给供应商，以通知对方款项已经或即将被电子转移。这一电子数据交换（EDI）消息携带了关键的财务信息，如发票号和交货参考号，供应商利用这些信息来核对预期收入与其应收账款记录或者将核对结果直接录入其财务会计系统中。随着汇款通知的发送，电子资金转账流程便被激活，开启资金的电子移转过程。

以下电子数据交换（EDI）消息和事务是电子资金转账（EFT）流程的重要组成部分：

零售商通过发送订单支付消息（PAYORD）给银行来启动支付过程，这个消息会引用之前提到的汇款通知（REMADV）的参考号。为了保证信息的安全，根据银行的技术能力，可以通过电子签名来进行加密，推荐使用公钥加密系统。在这一过程中，发送方会生成一个随机数，并用其私有密钥加密该数值，以此来验证消息的真实性。加密的详细算法和随机数可以通过该消息本身或通过一个安全证书和确认消息（AUTACK）

来传达给接收方。

电子签名在银行交易中的作用包括确保有效消息的完整性，这意味着确保订单支付消息的内容未遭非法修改；验证数据包的发送源，确保消息来源的真实性；防止消息被否认，即防止发送方否认曾发送过消息。

如有必要，银行会通过发送确认消息（AUTACK）来回应订单支付消息，确认已经收到并验证了订单支付消息的完整性。

消息传输过程中还可以使用公钥进行加密。银行一旦接收到订单支付消息并验证无误后，便会执行付款操作。完成付款后，银行可能会向零售商发送借方和贷方通知（DEBADV）作为付款完成的确认。

当零售商收到借贷通知消息后，其支付系统会自动更新之前提交的订单支付消息中的参考编号。如果该供应商恰好也是零售商银行的客户，则他会收到一条存款通知消息，内容与原订单支付消息保持一致。

电子签名技术同样适用于存款通知消息，也可以在确认消息（AUTACK）中体现。最终，确认消息（AUTACK）可用于确认接收到的信用建议消息（CREADV）。

有时，由于信息容量的限制，相关的参考号可能需要被缩短。这也解释了为何存款通知消息在通过多家银行进行资金转账时，尤其是跨境转账时，可能不适合在短时间内提供所有汇款通知消息中的数据的完整功能和空间。

供应商在收到应收账款的存款通知后，将在其应收账款系统中核对记录的金额和参考号。

此外，正在开发的其他财务信息，如银行状态信息、账户财务报表信息、授权信息、直接借贷信息、金融取消信息等也可用于支付流程。

第三章　供应链需求管理

需求预测是指预测货物和物料需求，帮助企业尽可能保持盈利的过程。如果没有强大的需求预测能力，企业将面临供应过剩的风险，浪费大量的成本和资源，也可能因未能预测客户需求、偏好和购买意图而失去宝贵的商机。需求预测专业人员拥有专业的技能和经验。有了这些专业技能，以及现代供应链技术和预测分析技术的加持，企业的供应链将变得更有竞争力。

第一节　供应链需求预测

一、需求管理概述与预测的方式

（一）需求管理的概念与意义

需求管理主要由需求预测与订单管理两部分组成，前者以顾客确定性需求为导向，即订单的接受、投入与加工、订单承诺与交易的完成执行，乃至了解与影响顾客需求与喜好，以及预知顾客需求等，而人们常说的需求管理多指需求预测，需求预测就是对不确定的未来需求进行预期。

从宏观角度来看，需求管理特别是需求预测管理具有重大意义，有助于对产品在今后一段时间内的需求量及发展趋势、市场发展状况等作精确预测，为企业规划、决策奠定科学、准确的基础，并指出中长期发展经营的正确方向，从而使企业在市场竞争中处于不败地位。

从微观方面看，好的需求管理对企业运营起到积极推动作用，有助于最终提高客户服务满意度。需求管理是洞察顾客需求并与顾客一起控制风险的第一保障，它通过洞察顾客及顾客需求、与顾客建立良好关系、形成良性互动、构建供应链协同、提高供应链后端运营效率、优化供应链资源等方式，为顾客创造价值、给企业带来更多业务机会、增强企业竞争力。

需求管理是供应链整体管理的出发点。通过需求管理来搜集市场信息、预测顾客需求、接受订单、识别产品需求等，需要企业依据精确的市场需求信息来制定有效的供应链管理策略、更加精确的计划策略，以及采购策略、生产策略、安全库存策略、物流配送策略等。

需求端管理不到位，供应端很难弥补。如果需求管理杂乱无章，供应链管理也将杂乱无章，那么无论供应端机制多么好，都抵不过需求混乱对供应链管理造成的影响，进而造成交货不良与库存高并存的情况。供应端良好的运行机制固然能在某种程度上弥补偿需求端的问题，但这种弥补终究有限，成本明显偏高、效率偏低。如前所述，交货过差会造成顾客满意度降低、顾客流失、库存及仓储费用高等问题，而计划频繁变更会造成物料供应不稳，生产持续调整会造成生产运营成本上升、制造质量降低等问题，这样最终会造成供应链管理无序、顾客及市场处理乏力等问题。因此，没有进行需求管理仅仅从供应端设法补救只能是事倍功半，到头来连有效作用都无法发挥出来。

需求管理决定需求投入的品质，所以人们不应被动地全盘接受客户端或市场上的资讯或资料而不予管理，更不应闭门造车、自行其是地臆造，不应只坐办公室做表、填资料，而应积极主动地直面销售，直面市场与顾客，发掘有用信息，获得可靠资料，进而经过分析与判断进行有效决策。

在需求预测问题上，无论是需求管理责任人还是供应链管理人员都常常谈虎色变,原因在于预测常常不准确。所谓管理需求是指在进行需求预测时必须经过仔细分析并加以识别,根据事实、历史、市场环境等因素来了解预测并纠正预测错误,做好数据清洗工作,要确定预测是否符合订单需求,推断出更合理的结论,并在现象中发现真理。

需求管理有助于企业和顾客之间的交流、企业与顾客之间的深度协同,以及把顾客未来变化的信息预先把握在自己手里,其中包括顾客市场端的改变、顾客供应链的改变、产品状态改变等,对于这些,供应链干预得越早,认识得越深。如今供应链管理及协同,已远远不只是企业间跨部门的合作,更重要的是企业间的深度合作。

(二)供应链需求预测方式

在进行需求预测时,最好将定性预测和定量预测结合起来。定性数据可以从外部数据源获取,如新闻报道、文化和社交媒体趋势、竞争对手、市场研究等渠道。客户反馈和偏好等企业内部数据也有助于提高预测的准确性。定量数据通常主要从企业内部获取,如从销售数据等渠道收集。现在通常采用高级分析工具、强大的数据库,以及人工智能(AI)和机器学习技术来分析和处理错综复杂的数据集。如果将现代技术应用于定性和定量预测分析,将能够不断提高预测准确性和供应链韧性。

根据具体行业、客户群和产品波动情况的不同,需求计划专业人员可以使用以下预测方法:

(1)宏观层面的需求预测。宏观层面的需求预测需考虑总体经济状况、外部因素,以及其他可能中断或影响业务的广泛影响因素。这些因素有助于企业了解区域性和全球性风险或机遇,随时洞悉文化和市场环境的变化。

(2)微观层面的需求预测。微观层面的需求预测可以细化到特定的产品、地区或客户群。这类预测方法尤其适用于可能导致需求突增或骤降的一次性或意外的市场变化。例如,如果专家预测纽约将迎来酷暑,而企业正好生产便携式空调，那么企业完全可以在权衡风险后，提前增加该地区的库存缓冲。

（3）短期需求预测。短期需求预测可以从微观和宏观两个层面进行。通常来说，短期需求预测的时效不超过一年，可用于指导日常业务运营。例如，需求预测人员可咨询公司的销售和营销团队，了解他们是否正在策划可能引起需求激增的促销或销售活动。

（4）长期需求预测。长期需求预测也可以从微观或宏观层面进行，但时效至少是一年。这有助于企业在业务扩张、企业投资、收购或新合作伙伴关系等方面做出更明智的决策。如果企业给自己至少一年的时间来分析和测试市场，那么当他们在新的国家或地区开设商店或推出产品时，就能更准确、更清晰地预测产品的需求趋势（图3-1）。

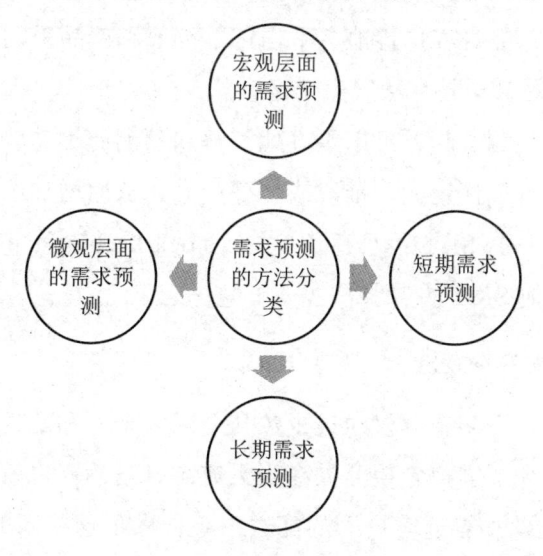

图 3-1 需求预测的四种方法

二、供应链需求预测的影响因素

为了尽可能准确且高效地制订供应链计划，企业必须确保不同的业务领域之间实时互联，并持续提供数据。通过充分利用尽可能多的数据，需求预测人员能够更有效地处理以下因素（图3-2）：

（一）竞争因素

自2020年以来，企业始终处于竞争激烈的复杂市场环境中。客户期望快速变化，如他们希望产品生命周期更短、交付速度更快、服务更加个性化。而且，随着网购行为的激增，客户的品牌忠诚度下降，这进一步加剧了市场竞争。

（二）产品类型和需求估算

根据产品的不同，需求预测可能截然不同，甚至在同一产品类别中也是如此。例如，黑色T恤衫的市场需求可能突然开始超越白色T恤。在这种情况下，仅发现需求变化远远不够，企业还需要挖掘出变化背后的原因。此外，终身客户价值、平均订单价值和产品采购组合也会发生明显变化，有时甚至是突然发生变化。

利用需求预测工具，可以更好地了解和预测此类趋势及其原因。这有助于企业了解如何定制、推广或捆绑产品，从而增加经常性收入，更深入地了解某一个SKU最小存货单位（stock keeping unit，SKU）如何影响或拉动其他SKU的需求。

（三）地域影响因素

一直以来，许多企业仅通过少数几个区域仓库和配送中心来服务广大市场。但如今，客户希望商品在当天或次日送达。也就是说，企业必须在全国各地设立靠近客户群的配送中心，满足这些新的需求。而且，这项挑战不再局限于B2C领域。B2B企业也越来越感受到交付速度方面的压力。

这种现象令传统的需求预测流程发生了改变。过去，供应链计划人员只需考虑少数几个地方的库存水平，而如今他们必须在众多小型配送中心（有时多达数百个）建立缓冲库存。显然，这样会导致风险和潜在损失增加。而且与过去相比，需求计划专业人员更依赖连接到云的供应链解决方案来获取实时数据和智能，帮助他们更精准、更细化地预测分布更广泛的库存。

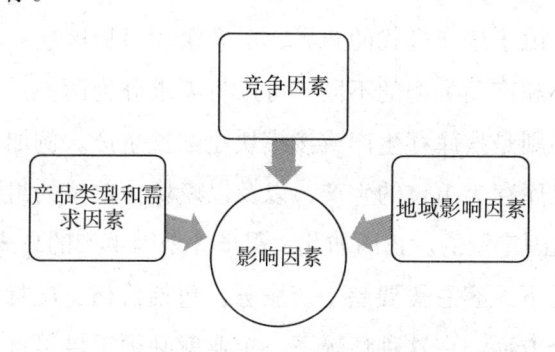

图 3-2　供应链需求预测的影响因素

第二节　供应链需求和供应计划

一、需求计划

制订需求计划的目的是形成关于市场需求的精确可靠的认识。实际当中，市场环境越来越动荡随机，并追求个性化定制，因此需求预测的准确性受到多变量的动态影响，这也就要求需求计划不仅要高度灵活，还要适应随机概率分布。

对基本面进行初步预测是通过运用统计方法计算完成的，接着可以此为起始点，通过与客户和分销合作伙伴的合作对其包含的信息做出进一步的修改与调整。销售预测仍需与已有的重要工作形成对照，如市场活动或新产品研发的时间进度。这样才能使需求计划与内外活动保持同步。

企业要对每个产品进行生命周期评估，不断追踪，找出不同之处。对于企业来说，新产品开发是一项艰巨而又复杂的工作。推出新产品前必须考虑到前代产品在库存以及采购管道内半成品与零部件的多少,才能达到物尽其用。

  需求分析不仅需要尽量减小预测偏差,还要充分考虑需求中存在的可能的变化。由于生产模式的差异,反应缓冲保护区建立不一。根据企业规模的大小和产品类型的不同,可以将需求分为两种:一种是按订单生产;另一种则是按库存生产或按模块化配置生产。例如,以订单为单位的生产、以库存为单位的生产,以及以模块为单位的组装准备的生产等,都是大范围定制的。正因如此,需求计划因生产的方式而异。

  一般情况下顾客总需要超一流服务,包括价格、交货、产品能否轻易购买等各个方面。在这种情况下,企业就必须提供尽可能多的个性化产品以满足不同类型的需求,而不是简单地只生产一些相同或相近的产品。然而,随着全球经济一体化进程的加快,市场竞争日益激烈,制造出的产品种类异常繁多,数量泛滥。在产品多样化、价格不断走低的情况下,为了满足个性鲜明的特殊顾客的需求,需越来越关注个性化的产品。由于供应链上有数量庞大之相关公司,因此对于顾客之特殊需求很难做出适时回应,同时供应链管理也面临下列困境:

  (1)市场残酷竞争导致产品供应增加、替代品增加、市场价格降低。

  (2)客户对新技术有喜好,所以产品刚刚面世的时候价格最高。

  (3)对利润目标的追逐,促使多数企业推出新品种,力争率先入市。

  (4)技术创新速度不断提高,从而不断缩短产品生命周期。

  (5)由于具有特殊的构型,产品种类更加丰富。

  (6)新产品吞噬着老产品的市场需求,所以好需求、好价格总会转瞬即逝,而库存的老产品也会迅速到期。

  以上几个方面的因素使人们对需求计划寄予了厚望,人们希望通过需求计划来了解客户的需求,以及短暂的需求引发的新老产品交替的规则。需求计划给企业带来的最重要利益包括以下几方面:

  (1)从理论上看,能够达到客户服务水平要求的最小库存就是需求变化的函数。尽管企业并不能掌握市场需求的变化，但如果有需求计划这一环节，其就能有一个较为清晰的需求概率认知。把基本面需求从夸大需求中分离出来，可降低预测偏差，把以产品系列或者机型及其零部件为基础的连带需求从选项功能中分离出来，可明确需求内容，而确定区域性需求则有助于人们有的放矢地备库。加强和销售伙伴之间的沟通合作，能使人们对需求状况有一个清晰的认识。缩短计划周期或者增加滚动预测次数，有助于人们更快地把需求信息传递到供应计划环节，以避免企业积累大量库存。

（2）产品生命周期缩短，意味着产品的需求与销售价格将快速降低。对于组成这些产品的零部件来说，情况亦是如此。欲将库存过期风险降到最低，至关重要的是使产品和产品零件供应与预期产品周期和市场推广应用同步进行。通过对偶然性随机事件和一些具体稀有事件在需求中所起的作用进行分析，也可将已列入计划中的事件和库存调整相关联。这样根据需要操控零部件库存，可减少库存过期风险。

（3）提高对具有战略意义销售渠道顾客服务水平。识别不同客户群，据此对内进行调整，对占据期望的市场份额至关重要。销售预测过程协同为企业指派业务规则形成默契，从享有优先权顾客或者具有具体送货地址顾客那里给予预测，将相应资源留存到主计划系统，保证企业为具有战略意义顾客提供高质量服务。

二、供应计划

供应计划的目的是优化供应，帮助准备各种资源，以满足由需求计划产生的预测需求。计划生成时，受原料、产能、分销等一切约束因素影响。

制订供应计划时，可进一步考虑同供应商、外包厂商和运输服务公司合作，使其对其内部供应计划进行相应调整，以解决需求实现过程中物料短缺问题。

当供应短缺造成无法满足全部顾客需求时，就要在供应计划指引下根据企业的战略目标动态分配紧缺资源。在需求履约流程中，由供应计划生成供应与分配计划作为主要输入信息。

由于企业之间协作计划的缺失，以及各企业对于市场变化所带来的风险、收益认识不一，各自库存策略不一致等，其对于市场需求信息的解读存在较大差异。这一状况将使最终客户端发生微小的需求变化，而使供应链上游出现夸大的需求变化，也就是牛鞭效应。尤其是对于靠间接销售渠道进行销售的公司来说，库存与价格策略之间的不和谐，再加信息不透明或者信息失真，都可能导致库存积压严重。

信息不对称或者滞后，也是导致企业之间需求供应错配的一个主要因素。企业要根据自身各种约束因素来制订出最佳供应计划，以便对需求预测变化做出反应。将该供应计划共享给各合作伙伴，使他们有相同的心理准备，这一点也很重要。在此，优化供应意味着：

（1）通过周期库存管理，合理设定安全库存水平，最大限度地减少库存及其连带库存过期、价值损失等风险。

（2）优化采购决策，将运输成本降到最低。

（3）遭遇材料、产能、分销瓶颈等情况下，要合理配置资源，确保优先提供给具有优先权的顾客或者具有战略意义的企业产品，并提供优质服务。

这里就必须要提到供应链软件以及产业互联网供应链平台上的在线交易及智能决策系统，这类软件有助于优化并整合企业全部操作流程，并为企业提供未来展望，以确保其高速发展。

对可视化数据进行历史挖掘、对现状进行实时掌控并对未来进行预测等，是智能决策系统作用得以发挥的技术保证。将数据可视化应用于供应计划，实现可视化的数据运筹决策，对于企业来说，具有如下积极影响：

（1）库存周转快。参考供求关系变化，供应链中理论库存水平最低。

尽管市场需求的变化并不是企业所能掌控的，但通过更好地制订需求计划，人们就能一定程度上有效掌控。企业定期向供应商提出供应要求，同时商议供货合约，以控制货源的变动，保证供应量的稳定性。

缩短计划周期和供应周期，有助于人们更快地把需求信息传递到供应计划环节，以避免企业积累大量库存。简单地说，加速计划周期和供应周期，以及重视重要事件所产生的效果，能够帮助公司将库存减少到理论上的最低水平。

（2）减少货物贬值，库存过期等危险。产品生命周期缩短，意味着产品的需求与销售价格将迅速降低。对于组成产品的零部件来说，情况亦是如此。所以，尽量只在必要时及时购买商品以满足需要，这一点至关重要。大量库存的保存，尤其是价格与需求急剧萎缩阶段，不但会降低企业赢利能力，而且可能因库存过期出现亏损。平衡优化供给与需求的算法能够确保在规划新的采购与生产前已有库存大幅减少，而这一供给与需求关系优化对于产品即将进入生命周期的末期显得尤为重要。

（3）提高对有战略意义销售渠道顾客服务水平。基于预测需求制订供应计划过程中，均衡和优化供需关系算法有助于最大限度发掘一切可能途径。供应计划要求在遇到供应问题不能解决的情况下推出资源分配计划，确保优先供应具有优先权的顾客等，并提供高质量的服务。

（4）进一步完善推出新品过程。市场需求和利润空间都在推出新产品的阶段到达了顶峰。一般同类产品都将迅速加入竞争。因此，要确保企业顺利到达新产品试销阶段，可观的客户服务水平非常重要，否则其将有可能失去市场份额。但很遗憾，这时企业面临着对新技术配套零件供应最多问题。

供应商尚未全面投入新技术大规模生产，使企业面临严重的缺货问题。另外，由于产品稀缺，公司在新产品测试阶段就可能故意夸大其需求量，从而导致进一步的人为缺货。当供给稳步上升时，人为地夸大需求会导致生产过剩，以致在产品寿命的其余阶段，产品利润和需求开始明显下降。这些因素导致大量新产品试销不成功。

与顾客、分销合作伙伴、供应商共同讨论能够更快、更精准地建立供需平衡计划，将供应不稳定性和需求不确定性减至最低限度，以增加新产品顺利推出的可能性。

从战略层面，企业要解决的问题是投放新产品、提高市场份额、服务新市场、开发新的销售渠道、改进业务操作流程和商业模式。而这些决策往往是实施企业总体供应战略计划的产物。

供应计划主要方案清楚地表明企业对原料、产能、分销等方面的长期需求，并确定了分配此类资源的原则。由此，同企业多家原料供应商、后勤服务供应商协商签订长期合作合同等的依据产生。

从实际操作层面看，企业按照供应计划所设定的规则及要求进行经营。而其在操作层面上的约束，则会诱发供应链上潜在的原料与产能不足或者过剩。正是由于这一原因，企业在制订供应链计划时需要均衡原料与产能，以提高客户服务质量并达到供需关系匹配与优化的目的，同时降低采购成本和库存成本。

制订主计划时需要站在供应链全局的角度综合考虑产能、原料供应、配送等实际情况。供应链上的产能可为加工装配能力，也可为人力或运输能力。所谓物料计划，就是清楚地了解外包的生产需要和确定长期原料供应计划。主计划的功能是站在供应链全局的角度进行协调一致的决策，其中包括：如何利用外包生产进行产能扩张、提前还是延后生产以达到顺利生产、确定购买数量与次数、挑选后备供应商、采用替代物料、采用不同类型运输方式等。

主计划受总需求计划与净需求计划推动，而其也可推进工厂计划，使工厂能够根据采购决策规划原料需求。既促进采购计划的制订，又促进采购协作的开展。

工厂计划有助于考虑生产周期库存和安全库存需求、仓库中的库存，以及采购订单在运输过程中对工厂管理的配件提出的物料补货需求。主计划确定了工厂完成销售预测的方案。由供应商供应的工厂所操作的组件物料的需求基于相关需求（生产成品所需的组件）和独立需求（直接销售给客户的组件）的总和。在计算外购件需求量时，应充分考虑零部件的采购周期。物料计划推动采购协同。采购协同是将物料需求传递给供应商，以获得供应承诺。

主计划根据预测需求，促使企业自主管理零部件生成采购计划。工厂计划主要是根据订单需求，为工厂自行管理零部件生成采购计划。企业制订长期战略采购计划，有利于与供应商洽谈时占据先机。并且在通常情况下，采购计划起着推动供应商交流企业需要的功能。

尽管采购计划的实施受以前同供应商保证的合同条款的约束，但是可以快速地将采购信息传送到供应商手中，从而转向上游供应商明确需求信息。一旦供应商在需求方面的承诺不能满足供应链上的需求，按照采购计划就要立即找别的供应商或者立即分配资源以避免缺货。对于供货商而言，因其洞悉了各公司的需求情况，因此可以提前布局提升产能和加大原料供应。

主计划中综合考虑采购规则、库存需求等因素促成配送计划，配送计划要考虑运输环节约束因素。优化处理运输计划时，若发现其无法满足企业配送需求，各计划员要及时反馈信息，以使主计划得到合理的调整。运输计划也促进了和运输公司的交流合作。

在实践中，供应链的瓶颈总是存在的，而供应计划的一项重要内容就是分销计划与合作，这对于解决瓶颈因素在整个供应链中的作用具有重要意义。分配方案严格按照企业既定的经营原则进行制定和实施。

主计划的计划排程决定着企业供应能力的大小，分配计划和排程是生产计划制订的下一步工作。分配计划和排程中包含未竟工作的处理。既然企业已承诺，就应优先考虑分配计划排程调度中的未竟订单。企业订单输入系统将在分配计划排程中准时提供未竟订单，使这些订单在第一时间内获得满足，从而保证销售公司履行其对顾客的诺言。

第三节　供应链需求控制

在进行供应链需求预测时，即使应用了最先进的预测模型，预测结果仍旧不可避免地伴随着显著的不确定性。这种不确定性主要反映在客户需求量上，且需求在时间和地理分布上的差异进一步加剧了供应链管理的复杂性。因此，供应链需求的这种不确定性给企业的运营和发展带来了重大挑战，是每个企业都必须面对和解决的问题。

一、需求控制的方式

（一）建立一定数量的安全库存

事实上，安全库存是企业持有的额外存货。安全库存用作缓冲，以补偿订单交付周期内实际需求超过预期需求或实际交付周期超过预期交付周期所产生的需求。缺乏足够的供应会导致下游制造商面临停产的风险，而市场上的供应不足又可能会减少销售收入，进而影响客户忠诚度和产品的市场份额。最理想的状态是使供应链维持在相对较低的需求水平上运作，确保库存水平能够同时满足下游制造商和最终客户的需求，保障供应链的平稳运作。在需求出现波动时，供应链应能在一个合理的需求区间内灵活调整。为了达到这个目标，必须找到合适的安全库存水平。

（二）控制可预测变量

可预测变量包括季节性变量，如对割草机和滑雪衫等季节性商品的需求变化，也包括非季节性变量，如促销活动和产品认知度的变化，这些都会导致销售量的可预见性增加或减少。为了最大化利润，企业需要对这些可预测的变量做出有效的响应。通过精细化的供需管理，企业能够控制这些可预测的因素，以达成供应链的终极目标。控制可预测变量主要有两种策略：一是通过调整生产能力、管理库存水平，以及采用分包生产等手段来控制供应；二是通过实施短期价格折扣和促销活动等手段来激发需求。在实践中，企业往往将销售活动用于需求管理，而将运营活动用于供应管理。然而，将需求和供应管理分开操作可能会使供应链的整体协调变得复杂，从而影响到利润的最大化。

控制可预测变量包含以下步骤：

①跨部门合作：为了实现整个企业的利润最大化目标，营销和生产运营部门需要携手合作。营销部门更关注收入增长，而生产部门更注重成本控制，这种差异导致他们各自从部门的角度出发，可能无法实现公司利润最大化的整体目标。因此，企业需要设计有效的激励机制，促进不同部门之间协同工作，共同推动利润最大化。②在做出战略决策时，要考虑可变的预测变量。③企业应采取主动策略来调节可预测变量，不只是在变化发生后做出反应，而是提前预见这些变化，并制定相应的策略和措施来主动利用或对抗这些预测的变化。

二、需求控制的策略

在应对可预见变量时，企业需要通过有效的定价和促销策略来调控需求，进而增强供应链整体的协同效应。这些策略的实施时机对需求的影响通常很大。通过在年度不同时间段实施定价和促销措施，供应链可以有效地调节需求。一般而言，销售部门会负责制定促销和定价策略，而生产和运营部门则负责规划生产。

在决定促销策略时，需要考虑促销对需求的影响、产品的边际利润、库存成本，以及改变产能所需的成本等因素。促销活动能够刺激需求增长，但这种增长通常由市场扩张、市场份额抢夺和促使消费者提前购买三个因素驱动。这些因素决定了促销的最佳时机以及其对盈利能力的影响。在需求旺季进行促销可能会导致平均库存水平上升，而在淡季促销则可能使平均库存水平下降。如果需求增长主要由提前消费驱动，则需求高峰期间的总体盈利能力会降低。相反，如果提前消费仅占需求增长的一小部分，则在需求高峰期进行促销的盈利能力可能更高。随着产品边际利润的减少，旺季促销可能会削弱利润。然而，单独由销售部门决定定价策略，由运营部门负责总体规划可能不够理想。供应链中预测、定价和生产规划的协调至关重要，这意味着营销和生产运营部门应共同参与这一过程。

第四章 传统的供应链管理方法

传统的供应链管理关注点主要在供应链的响应速度、绩效、采购流程、运输和库存等方面,这几个方面作为供应链的核心组成,决定了一个供应链的运作情况。

第一节 供应链响应速度管理

供应链对于制造商的成功至关重要。无论产品质量如何,产品生产缓慢或供应经常中断都会影响企业服务客户和降低成本的能力。制造商必须构建一个响应迅速的供应链,具体可以自己经营物流,也可以依赖第三方合作伙伴。而响应式供应链非常灵活,可以快速适应需求变化和中断。

一、现代化需求预测

创建响应式供应链的第一步是监控需要响应的因素。制造商必须预测需求变化,但采用传统措施是不够的。

共识预测在组合之前为每个功能生成单独的预测,通常需要 4~5 周的时间,到那时数据可能已经过时了。因此,制造商应该专注于能够产生最具凝聚力的信息,而来自零售商 POS 系统的消费者数据、内部发货数据、网络活动和宏观经济趋势是很好的起点。

制造商应该尽快将数据输入智能算法。机器学习模型可以比人类更快、更准确地整合和分析信息，从而产生及时而可靠的预测。制造商可以据此预测即将发生的变化，从而更快地进行响应。

二、评估供应商关系

供应链响应涉及制造商物流的两个方面：材料进货和产品出货。许多策略都侧重产品出货，但重要的是不要忽视材料进货。制造商应该审查其供应商，以确保提供原材料的企业同样灵活。

需要考虑的最重要因素之一是沟通。制造商应尽可能多地与供应商共享信息，并快速与他们沟通和合作。制造商可能有多个不同材料的供应商，因此应该考虑使用可以巩固对话的数字通信平台。

多元化是制造商可能要考虑的另一个供应商策略。截至2021年6月，55%的供应链领导者已经实施了原材料双重采购策略。与多个供应商开展合作可以帮助提高响应能力，即使某一供应商的产品出现短缺也不会影响太大。

三、针对不同产品采取不同策略

对于不同产品，制造商需要采取差异化的策略来提高供应链的快速响应能力。对于快速消费品，由于市场需求变化迅速，制造商需要构建灵活高效的供应链网络，采用先进的物流技术和预测模型，以实现对市场趋势的快速响应，促进库存快速周转。而对于定制化产品，则需要强调供应链的柔性和定制化生产能力，通过紧密地与客户沟通和协同生产，快速满足客户的个性化需求。该策略旨在提高供应链的响应速度，从而确保产品能够迅速且准确地到达消费者手中。

四、为恶劣天气延误做好准备

响应迅速的供应链可以适应范围广泛的不可预见的供应中断。除需求发生变化之外，其中最有可能变化的因素之一是天气。制造商可能无法预测每一个与天气相关的挑战,但他们可以为缓解这些挑战做好准备。

例如,美国 70% 以上的道路位于寒冷地带,因此任何供应链都必须为冬季天气做好准备。制造商在冬天需要为较慢的运输时间留出空间,并为驾驶员配备维护设备。同样,制造商应与物流供应商合作,使供应商的货车司机接受在恶劣条件下驾驶的广泛培训。

远程信息处理系统和其他物联网(Internet of Things)设备是不可或缺的资源,制造商应借此收集和分析有关天气状况和装运地点的实时数据,以密切关注事态发展并做出适当反应。

五、保障车辆处于最佳状态

制造商应与物流合作伙伴合作,确保所有车辆保持最佳状态。忽视维护可能会导致意外的故障,进而造成整个供应链的延误。定期的、基于时间表的护理比掌握反应性方法更重要,有助于企业走得更远。

预测性维护即使用物联网设备分析机器健康指标,并在企业需要维修时发出警报。这样,企业就可以在这些问题变得更具破坏性之前加以解决。

六、提高物流能见度

物联网跟踪系统可以显示有关货物位置、温度和质量的实时信息。来自其他来源的数据可以让供应链领导者了解潜在的即将到来的中断,收集这些数据并将其输入单个分析程序中,可以让制造商更全面地了解他们的供应链。

制造商应设法消除供应链中的任何盲点,要求合作伙伴提供尽可能多的数据。这种可见性对他们也有好处。研究表明,如今 94% 的消费者更有可能忠诚于完全透明的企业。

七、制订应急计划

数据监控是另一个关键供应链响应策略的第一步。持续发展至关重要，因为趋势和颠覆永远不会长期保持不变。制造商必须经常审查他们的供应链数据，以寻找薄弱环节并制订备份计划。

无论供应链多么灵活或以数据为中心，它都无法应对所有情况。考虑到不可预见的挑战可能会带来的破坏性，制造商应该制订应急计划，以应对其战略失败的情况。

如果当前的供应商或物流合作伙伴出现问题，他们可能需要联系不同的供应商或物流合作伙伴。这些应该涉及关键任务数据的备份和标准化通信。制造商应该审查他们的供应链信息，以了解他们最需要保护哪些资产并从那里构建。现代制造商需要响应式供应链，过去几年发生的各种事件凸显了许多供应链的脆弱性。随着世界工业逐步相互关联，制造商必须克服历史上的供应链缺陷。而以上七种策略可以帮助制造商建立更具响应性的供应链。

第二节　供应链绩效管理

一、供应链绩效管理的意义

供应链绩效管理就是从供应链整体出发，综合运用各种先进的技术与方法，为开发供应链系统的各种潜能，以提高供应链整体及其成员绩效而进行的管理。供应链绩效管理内容包括绩效计划、绩效监控、绩效评价和绩效改进等。

供应链绩效管理具有以下意义：

（一）提高运营效率

供应链绩效管理中，通过监测、分析和优化供应链的各个环节，可以确保流程更加高效、顺畅。这有助于减少浪费、降低成本，并提高整体运营效率。

（二）优化资源配置

供应链绩效管理可以帮助企业更准确地识别供应链中的瓶颈和冗余环节，从而优化资源配置。通过将资源集中在关键领域，企业可以最大化其投资回报。

（三）加速适应市场变化

在快速变化的市场环境中，供应链绩效管理可以帮助企业更快地识别市场趋势和需求变化，并据此调整生产和物流策略。这有助于提高企业的市场敏感度和响应速度。

（四）提高客户满意度和忠诚度

供应链绩效管理注重满足客户需求，通过提高产品可用性、减少交货延迟、降低产品缺陷率等方式，可以提高客户满意度。客户满意度是企业成功的关键指标之一。当客户对企业的产品和服务感到满意时，他们更有可能成为忠诚客户，并为企业带来持续的收益。供应链绩效管理通过提高客户满意度，有助于增强客户忠诚度。通过提升客户满意度和忠诚度，企业可以树立良好的品牌形象，吸引更多的潜在客户，从而拓展市场份额。

（五）支持战略决策

有效的供应链绩效管理可以为企业提供准确、及时的数据支持，帮助企业制定更加科学合理的战略决策。这些决策可以基于实际数据和分析结果，更加符合市场需求和企业实际情况。

二、供应链绩效评价的原则

供应链绩效评价是供应链绩效管理中的重点内容，其目的主要有两个：一是对绩效计划的实施成果进行评估，判断其是否在各种约束条件下达到了预定的目标。二是分析绩效计划与实际结果之间的差距及造成这种差距的原因，帮助供应链企业更加准确地识别问题所在，为后续的绩效改进提供有力的依据。

在进行供应链绩效评价时，应该遵循以下原则：

第一，突出重点，对关键绩效指标进行重点分析。在供应链绩效评价中，先要明确哪些指标是关键的，这些指标往往直接关系到供应链的整体效率和客户满意度。因此，对于关键绩效指标要进行重点分析。

第二，应采用能反映供应链业务流程的绩效评价系统。供应链是一个复杂的系统，涉及多个环节和多个参与者。为了全面、准确地评价供应链的绩效，需要采用能够反映供应链业务流程的绩效评价系统。这样的系统应该能够涵盖供应链的各个环节，包括采购、生产、物流、销售等，并能够实时收集和分析相关数据，从而为企业提供全面的供应链绩效信息。

第三，评价指标要能反映整个供应链的运营情况，而不是仅仅反映单个节点的运营情况。在评价供应链绩效时，需要避免只关注单个节点的运营情况。因为供应链的各个环节是相互关联的，任何一个环节的问题都可能对整个供应链产生影响。因此，评价指标应该能够反映整个供应链的运营情况，包括供应链的协调性、灵活性、响应速度等。这样可以帮助企业更加全面地了解供应链的运营状况，从而制定更加科学的优化策略。

第四，应尽可能地采用实时分析与评价方法，要把绩效度量范围扩大到能反映供应链实时的信息。随着信息技术的发展，实时分析与评价方法在供应链绩效评价中越来越重要。实时分析可以帮助企业及时发现供应链中的问题，并采取相应的措施进行解决。同时，实时评价也可以为企业提供更加准确、及时的供应链绩效信息，帮助企业更好地把握市场动态和客户需求。因此，在进行供应链绩效评价时，应尽可能地采用实时分析与评价的方法，以获取更加全面、准确的绩效信息。

第五，在评价供应链绩效时，要采用能反映供应商、制造商及用户之间关系的绩效评价指标。供应链是一个由多个参与者组成的网络，这些参与者之间通过合作关系共同实现供应链的价值。因此，在评价供应链绩效时，需要采用能够反映供应商、制造商及用户之间的绩效评价指标。这些指标应该能够反映供应链中各参与者之间的协作程度、信息共享程度以及利益分配情况等。通过采用这样的评价指标，企业可以更加全面地了解供应链中各参与者之间的关系，从而制定更加科学的优化策略，促进供应链各参与者之间的协作和共赢。

三、优秀绩效评估体系

世界各地的许多公司都在尝试通过保持独特的竞争优势来减少日益增加的竞争压力。因此，管理者越来越需要一个有效的绩效评估系统，从而将公司的战略和运营决策结合起来。在设计绩效标准时，必须遵循易于理解、实施和衡量的原则，有助于公司更好地进行业务决策。此外，这些指标必须灵活且与业务目标一致，而绩效标准必须在对成功至关重要的领域实施。因此，有效的绩效评估体系应包括用于外部报告的传统财务信息，以及用于评估公司竞争力和引导公司获得其他预期能力的战略层面的绩效标准。

要制定一个优秀的绩效评估体系，先要明确公司发展的战略目标，以及每一个职能部门所扮演的角色，同时达到战略目标所需要具备的能力。然后，确定有可能影响公司各个时期绩效的内部和外部趋势，为每一个职能部门都制定出可以展示其能力的绩效评估体系，并且将现有的绩效评估体系总结成文字，从而找出现有绩效管理体系下需要变革的地方。最后，在确保所使用的绩效评估体系的一致性后，正式执行新的绩效体系。当竞争战略改变时，要阶段性地对公司绩效管理体系进行评估，然后重复上述步骤，确保整个体系处于不断地更新换代之中。

优秀绩效评估体系如下表4-1所示。

表4-1 优秀绩效评估体系

能力领域	绩效评估体系
质量	1. 生产或采购产品中次品的数量 2. 售出产品中退货的数量 3. 售出产品中要求保修的数量 4. 供应商的数量 5. 采用统计过程控制的工作中心的数量 6. 通过质量认证的供应商的数量 7. 申请质量奖的数量，得奖的数量
成本	1. 每个工作中心的废料或废品损失 2. 平均库存周转率 3. 平均启动时间 4. 雇员流动率 5. 平均的安全库存水平 6. 为满足运送日期而要求的紧急订单的数量 7. 由于机器故障出现的停工期
灵活性	1. 职工所掌握的平均技能的数量 2. 平均生产批量 3. 可提供的客户定制服务的数量 4. 特殊操作或紧急订单所需的天数
可靠性	1. 平均服务响应时间或产品提前期 2. 承诺运送有关事项的实现比例 3. 平均每次运输延误的天数 4. 每件产品的缺货数量 5. 处理一个保修申请所需的天数 6. 工程师和客户打交道的平均小时数

续 表

能力领域	绩效评估体系
创新性	1. 每年在研发上的投入 2. 流程自动化的比例 3. 引人新产品或服务的数量 4. 生产每个产品所需的操作步骤

第三节 供应链采购流程管理

一、采购流程管理的概念和意义

供应链就是以核心产品企业为中心，以配套零件或者机加工零部件为起点，做成中间产品和最终产品，并最终通过销售网络向消费者发送产品的，连接供应商、制造商、分销商到最终用户的功能网链结构。

供应链环境中企业进行物资采购时，必须以供应链为脉络，而物资采购管理仅仅是供应链中的重要一环。企业必须转变过去固有的采购模式，在物资采购中加强对供应商的管理，而且企业各个部门不仅要在思想上有所意识，还要在规章制度方面进行转变。其中，采购部门必须制定完善的供应商绩效考核方法，并通过这种方法对供应商进行约束和激励，使其可以更好地服务于企业。

企业采购管理部门必须先确定最优的存货数量，再通过存货信息化管理不断地将企业存货信息传达给供应商，便于供应商根据企业存货信息变化积极主动地对存货进行及时补充，使企业存货始终处于最佳值。这样不仅可以节约企业人力和物力，还可以减少存货成本，缩短供货周期，增加交货速度，进而加速产品在全链条上的流动，达到适应市场变化的要求，大大减少采购成本。

传统物资采购量大面广、价格竞争激烈等问题阻碍了企业发展。其应链环境企业一定要改变这一现状，要求物资采购的量适宜。采购模式、信息化管理、库存管理、供应商考核管理，以及相关支持体系共同构成了供应链环境中的物资采购体系。借助信息化管理手段可使采购管理部门与供应商有机融合，借助供应商考核管理体系可使供应商与顾客有机融合。供应商作为供应链中不可缺少的重要一环，要求企业进行持续的修正与指导，并依据自身营销模式、生产模式、生产工期等变化确定零部件库存数量，将其维持在最优生产运营状态，从而减少零部件或加工件库存过剩或短缺所造成的亏损。企业在供应链环境中通过物资采购管理既可有效地降低采购成本，又可降低存货成本，缩短供货周期，加快交货速度，减少人力物力成本并及时掌握顾客需求变化，与供应商取得联系，改变产品配给方式，并由设计部门针对产品市场变化开发出新产品，在提高顾客满意度的同时，降低库存管理成本。

二、有效的采购管理模式

（一）搞好全面审查核算工作，强化质量监督

材料的购买将直接影响企业实际经营情况。为更好地满足时代发展需要，在进行材料购买管理时，企业需要更全面地监控材料质量，其中绝大多数材料均为工作生产所需的原材料。而一个企业的生产水平与质量，很大程度取决于原料的品质。在开展质量核算工作时，必须有专门的监督管理机构与审查机构参与其中，而全面监控与审查质量则是上述各部门义不容辞的责任。人们有必要制定更多有利于企业可持续发展的专业监督管理规则。

（二）按风险等级分类管理材料

按照材料的风险等级划分情况，可将材料分类管理，通过找到适合的管理方法将管理成本降至最低。企业购买的材料有很多种，需要对材料进行很好的归类，使材料的购买能够有效率地进行。从风险等级来看，

对于材料可采用ABC分类法进行管理，A类材料风险级别最高且不易消化，如老式设计材料、长期积压材料、废旧材料；B类材料风险级别较大且属于非常规设计，通用性较差；C类物资指风险等级中等，属于常规设计且具有通用性的材料。

对于三类材料应实行分类管理，对于A、B两类材料，应想方设法及早耗用，尤其要与用户取得联系，以降低材料价格的方式快速处置高风险材料，而在投入使用之前则需由供应商对此材料进行检测和维修，以保证用户能正常投入使用。C类物资为我公司重点经营的材料，这类材料数额大，占用资金多，应以信息化方式按客户要求日期向供应商发送库存量，使供应商按存货配货以减少存货成本、缩短供货周期、提高交货速度，并加速材料库存周转率，进而加速产品全链条流动。

（三）挑选适宜供应商，构建长期伙伴关系

管理物资方法很多，各有其利弊。企业要选择一个适宜的供应商，并且和供应商进行长期合作，以使对供应商的管理和企业的管理方法相匹配。对于企业而言，选择一个适合自己的供应商是非常重要的，因此供应商的选择问题应该得到所有企业的重视。企业要根据所采购材料的种类，选择适合自己的供应商。为了采购战略物资，企业要选择具有较高声誉的供应商，并与其形成长期的合作伙伴关系，而为了采购瓶颈性物资，企业需灵活地挑选供应商，最终有助于企业提升效率。

（四）管理模式不断更新和提升

在时代不断进步与发展的过程中，想要跟上时代发展的步伐，就应该注重信息化发展对于企业的作用，促进其原有的管理模式不断更新与提升。材料的采购工作对于整条供应链来说具有重要作用，要想确保采购工作可靠就必须做好管理，不断完善采购管理制度，使其与供应链发展相适应。

（五）企业内部各部门监督管制得力

材料采购工作对于企业整体工作具有重要作用，关系到大量资金的流动，而且对整个企业的运作产生深远影响。因此，采购过程中对每项资金流向的严格审查和监督变得尤为重要。通过将时代的发展动态作为指导，严格执行采购相关任务，并对所有资金支出进行细致的审核和监控，可以有效预防采购过程中可能出现的腐败和贪污现象，确保采购及相关财务活动透明和廉洁。所以，每个企业还可以根据自身条件，对内制定出科学有效的监督管理制度，来对采购过程中的每一个环节进行监督和控制，以保障采购工作的有效性和品质，从而保障企业发展。

三、传统采购的主要模式

（一）询价采购

询价采购是一种通过向多个指定供应商发送询价信，要求他们提交报价，之后根据这些报价选择供应商的方法。这种方式与传统的采购方法相比有以下几个明显的特征：

（1）至少需要三个供应商参与报价。

（2）每个供应商只能提交一份报价。

（3）基于常规评审程序选择最合适的报价。

询价采购方式通常适用于那些数量不大、价值不高或者需要紧急采购的商品。

（二）比价采购

通俗来讲，比价采购即"货比三家"，是一种确保价格具有竞争性的采购方式。在比价采购中，采购商对三家以上的供应商提供的报价进行比较，然后以最理想的报价作为订货价格。换言之，同一材料优于质量，同一质量优于价格，同一价格优于服务，同一服务优于信誉，先比后买,以达到"质优价廉"的目标。这一模式适用于市场价格混乱或价格透明度低的单个小规模设备、工具和批量采购。

(三)招标采购

在几个投标者中选择适合招标采购方条件及合理价格的采购方式即为招标采购。作为一种在众多的供应商中选择最佳供应商的有效方法,其通常适用于重大工程、寻找长期供应商、政府集采等场景(图4-1)。

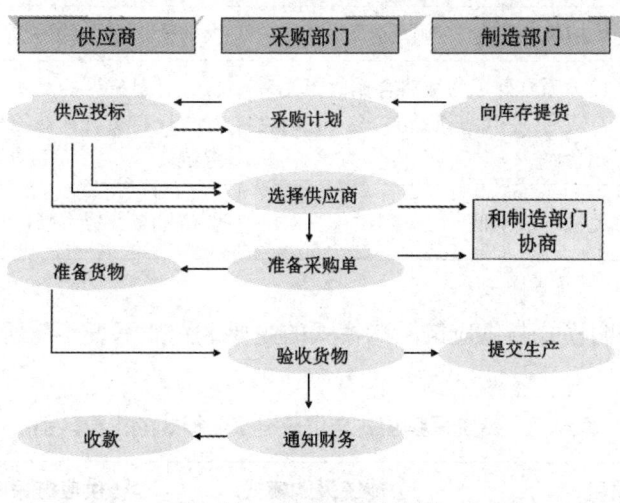

图 4-1 招标采购流程图

四、供应链管理环境中采购与传统采购的区别

供应链管理环境中采购与传统采购特点区别如表4-2所示。

表4-2 供应链管理环境中采购与传统采购特点区别

角度	供应链采购特点	传统采购特点
采购性质	1. 基于需求的采购 2. 供应方主动,需求方无采购操作的采购方式 3. 合作性采购	1. 基于库存的采购 2. 需求方主动,供应方有采购操作的采购方式 3. 对抗型采购

续 表

角度	供应链采购特点	传统采购特点
采购环境	友好合作	利益互斥、对抗竞争
信息情况	信息连通、企业间信息共享	企业间信息不通、信息保密
库存情况	1. 供应商掌握库存与库存主动权 2. 需方可以不设仓库，零库存	1. 需方掌握库存与库存主动权 2. 需方可以设立仓库，高库存
送货方式	供应商小批量多频次连续送货	大批量少频次订货送货、库存量大
双方关系	1. 关系友好：为战略合作伙伴关系 2. 责任共担、利益共享、协调性配合	1. 一种对抗性的买卖关系 2. 责任自负、利益独享、互斥性竞争
验货程序	免检、成本低	严格检查、成本高

传统采购模式与供应链采购模式的主要区别如下表 4-3 所示。

表4-3 传统采购模式与供应链采购模式的主要区别

项目	传统采购模式	供应链采购模式
供需双方关系	相互对立	合作关系
合作关系	可变	长期
合同期限	短	长
采购数量	大批量	小批量
运输策略	单一品种整车发货	多品种整车发货
质量问题	检验/再检验	无须入库检验
信息沟通	采购订单	网络
沟通频率	离散	连续的
库存认知	资产	负面影响

续 表

项目	传统采购模式	供应链采购模式
供应商数目	越多越好	少，越少越好
设计流程	先设计后询价	供应商参与设计
产量	大量	少量
交货时间	每月	每周或每天
供应商地理分布	区域广	尽可能靠近制造商
仓库	大、自动化	小、灵活

第四节 供应链运输管理

运输、仓储、包装、装卸搬运、流通加工等环节构成了整个供应链的核心部分，而物流则是这一流程中非常重要的一环。因此，物流被称为第三利润源。各产业日益增长的物流需求及全球范围内劳动力与货物分配与分工的加剧，使物流在现代人类生活中占据举足轻重的地位，但是也遭遇了日益严峻的考验。

一、供应链运输的方式与特征

一般情况下，物流成本在各项业务工作中所占比重较大，仅次于生产过程材料费用或者批发、零售产品成本。它不仅直接影响企业的利润和竞争力，还关系着一个国家经济发展水平和人民生活质量。因此，降低物流成本已成为现代社会经济活动的重要内容。

按运输特点，物流运输可划分为铁路运输，公路运输，水路运输，管道运输，航空运输，多式联运，包裹承运商等多种方式。其中，多式联运就是联合运输经营人按照单张联合运输合同的约定，通过两种或多种交通工具，把货物从规定的地点运送到交付地的一种运输方式，统称联合运输。它有如下优点：

（1）职责一致、程序简单。

（2）中间环节减少、货运时间缩短、货损与货差减少、货运质量提高。

（3）可以减少运输成本，节约运杂费，利于贸易的进行。

但是，多式联运也存在着一些弊端，因为使用多种运输方式才能够把货物运至指定位置，而每种运输方式转接中都很容易出现货损与货差。我国目前实行的是"单证合一"的管理体制，即各口岸经营单位办理进出口业务时都要向海关申报报关。这对减少货物损失起到了积极作用。多式联运中实行承运人统一责任制，使理赔、找货等程序都简化很多。

各种运输方式的成本结构比较如表4-4所示。

表4-4 各运输方式成本比较

运输方式	成本情况
铁路运输	设备、站点、铁轨等固定成本高，可变成本低
公路运输	较低的固定成本，适中的可变成本
水路运输	适中的固定成本，较低的可变成本
航空运输	较低的固定成本，较高可变成本
管道运输	固定成本较高，最低的可变成本

二、物流运输中的挑战

（一）协调与沟通问题

供应链物流涉及多个环节和多个参与方，如供应商、生产商、分销商、物流商等。这些参与方之间需要高效地协调与沟通来确保物流流程的顺畅。然而，在实际操作中，信息不对称、沟通渠道不畅或沟通方式不当等问题，往往导致物流效率低下、成本高昂，甚至出现物流中断的情况。

（二）成本控制问题

供应链物流成本包括运输成本、仓储成本、包装成本、人力成本等多个方面。对于大型企业来说，如何有效地控制这些成本是一个重要的问题。然而，在实际操作中，由于物流环节众多、成本结构复杂，往往难以准确核算和控制成本。此外，随着市场竞争的加剧，物流成本的波动也越来越大，给企业的成本控制带来了更大的挑战。

（三）风险管理问题

供应链物流中存在着许多潜在的风险，如货物丢失、损坏、延误等。这些风险不仅可能导致企业经济损失，还可能影响企业的声誉和客户关系。因此，风险管理是供应链物流中一个重要的问题。由于风险来源多样、风险识别困难等，企业往往难以有效地管理这些风险。

三、物联网技术解决物流管理问题

物联网技术（IoT）为解决可追踪性问题提供了一套强有力的解决方案，即资产追踪。随着技术的不断进步，每天都能探索到物联网的新应用。物联网技术有助于进行细致的组件追踪和数据收集工作，这是传统的手动追踪方式无法比拟的。

（一）En-Route 资产跟踪促进了现代运输的透明度

物联网设备最重要的一个潜在应用，就是追踪整条供应链上货物及部件的装置。有了这一技术，跟踪就无须再人工进行，而只需借助数字传感器就能在整条供应链上实现对物料或产品自始至终的跟踪。

这类跟踪系统已被广泛应用于以交通为基础的很多其他产业，如消费品的配送服务。将这项技术引入物流领域，有助于提高交货效率，提高物流操作的透明度，以及紧密监控供应链中运输的货物。实时定位系统（RTLS）为识别和跟踪运输车辆和工厂设备之间的货物位置提供了可能。通常，RTLS会通过无线节点（例如，标签或徽章）发出信号，并由读取器捕获。这些系统建立在Wi-Fi、GPS、蓝牙、超宽带等多种无线通信技术之上。

（二）通过物联网对库存进行细致管理，并对仓库进行审计

企业可以通过粘贴在物品表面的微型传感器，随时保持库存的精确度和更新。这种"智能库存"能够提供有关产品的详细信息。物联网传感器的使用可以简化详细的库存审计，减少产品遗失和不当存储等影响整体收入的情况。

（三）大数据在缓慢地改变着每一个业务部门

毫无疑问，在业务工具包上通常以信息为最强，而且支持IoT的设备所驱动数据前所未有。通过收集供应链上每一个环节的海量数据，一个组织就可以使链条上几乎每一个环节的效率都达到最大化，最终节约时间与资金。

通过搜集资料及对新兴模式的分析，机构能够就未来发展趋势做出预测，并且积极主动地采取一些措施来防止问题的发生，从而提高工作效率以及增加收益。

四、区块链技术优化物流管理问题

区块链是为了解决供应链流程文档透明度问题而设计的。

对于对技术陌生的用户而言，区块链可用作成交分布式数字分类账。这种新技术将对金融行业产生很大影响。区块链是一个基于共识机制的去中心化数据库，由多个节点组成，每个节点都有自己独立的账本。其中，最为流行且广为人知的应用是加密货币（如比特币），但是区块链的核心思想能够延伸至更多的应用中。

第四章 传统的供应链管理方法

区块链就是对信息进行记录与验证的零散方式。通过在一个节点上写入和读取加密数据,并将其存储到一组哈希表中去,可实现对数据的完整性、机密性,以及不可抵赖性的保护。每一次在"链"上增加一个新"块",都要通过链上参与其中的每一个系统或者利益相关者来验证这一消息。这类数字审计确保了每一块都能被精确地记录下来,而且链上所含信息不可能由链上任何一个单独的实体进行修改。

区块链系统几乎为供应链流程中的每一个环节都提供了灵活性记录。当需要对一个或多个项目进行监管时,区块链可帮助实现高效监管。例如,当消费者购买食品或者其他商品后,该系统可用于追踪产品的生产过程,保证食品安全。从采购、运输、交付的每一个环节都能被安全地保存、记录于区块链上。

(1)密码学可以让区块链以数字资产代替纸质资产。随着比特币在全球范围内迅速流行,越来越多的人希望通过使用数字货币来支付金钱。然而,数字货币的交易记录是不可复制的。因此,需要一种新技术。这样就可以让商家节省开支,提升安全性,进而提升顾客对他们的信任度。

(2)区块链既可以用来记录信息,也能用来对数据进行加密和签名,并将这些数字内容存储在云端或其他地方,供用户使用。此外,区块链上的所有交易都是匿名化的,旨在确保其安全性和隐私性。可以使用智能合约来认证端到端的制造流程所提供的业务。

(3)区块链有助于确保信息的安全性与可靠性,且链上每一个环节均确保创建之后一直处于未修改的状态。

(4)区块链有助于将老化和互锁记录系统更换为统一物流信息源,并实现全世界共享。

区块链有望完全改变物流与供应链世界的信息交换,而且已有很多大型企业迫切希望对这一技术进行深入研究。据美国《商业周刊》报道,在过去十年里,全球范围内掀起了一股研究热潮。其中一个最引人注目的现象就是出现了很多以"区块链"命名的组织机构。例如,运输联盟的区块链，它在 25 多个国家有大约 500 个成员企业，每年总收益 1 万多亿美元。

第五节 供应链库存管理

一、库存管理存在的问题和解决途径

供应链库存管理并不是简单地进行需求预测和补货操作，它的核心目的在于通过精细化的库存控制来提升客户服务品质及利润率。供应链库存管理的关键活动包括：运用商业模型技术对企业的库存策略、交货前的准备时间以及运输时间的变动进行准确评估，计算库存的经济订货量时要充分考虑其对整个供应链企业的影响，掌握库存的实时状况并设定恰当的服务水平。因此，如何有效地控制企业库存成本成为供应链上每一个成员都关心的问题。目前供应链管理中库存管理存在的问题主要集中在信息、供应链运作、供应链战略与规划三方面。

这些问题表现为以下几点：

（1）缺乏供应链整体优化。许多供应链系统没有把整体供应链绩效作为评估的核心，导致节点公司之间缺乏协调一致的操作，使得供应链的整体运行效率不佳。

（2）信息流动效率低下。目前，物流操作模式过于单一，且缺乏灵活性，信息系统的建设滞后，对信息技术的应用程度不够高，企业的数字化程度较低，还面临人才短缺的问题。在供应链库存管理中，成员公司之间的需求预测、库存状态和生产计划共享至关重要。为了能够迅速有效地满足客户需求，必须实时准确地掌握供应链中每个成员公司的信息。但目前许多公司的信息流通系统尚未完善，供应商获取的客户需求信息通常不够及时或精确，对短期生产计划的实施造成困难。因此，建

立一个高效的信息流通系统，能够提高供应链库存管理的绩效。

（3）供应链存在不确定性。形成库存的原因主要有两个：一是满足生产运营需求，二是为了应对供应链中不确定性因素。企业在制订库存计划时往往无法充分考虑这些不确定性因素，如市场需求的波动、供应商的意外情况，以及公司内部的突发事件，这些都可能对库存水平造成影响。供应链上的每一成员都希望拥有足够数量的原材料或产成品，以满足其日常经营活动所需。如果这些产品不能及时地得到供应，那么就有可能使整个供应链陷入困境甚至瓦解。在不确定因素影响下进行研究与跟踪是供应链库存管理中的重大课题。

（4）配合不协调。供应链中的各个成员企业作为一个整体，要想达到最佳的运作效果，就必须相互协作。在这种情况下，任何一个企业都希望能够保持与利益相关者之间的相互信任度，以便更好地发挥各自优势，使整个供应链获得更大效益。企业间缺乏信任会增加协调合作的复杂性，这是供应链合作关系脆弱的主要原因。为了促进成员之间的沟通和合作，必须建立一套有效的监督和激励机制。相比于公司内部的监督和激励，跨公司的这些机制执行起来更加困难。

（5）产品设计没有考虑供应链库存成本对产品设计流程的影响。产品是由多个制造商和分销商共同生产出来的，产品生产完成后，分销商将其销售给消费者，并向消费者收取一定的费用。而在这一环节，供应链成员之间存在着信息不对称现象。现代的生产技术促进了生产效率提升和毛利的增加，但是供应链库存问题的复杂性经常被忽略，导致生产环节节约下来的成本被分销和库存的费用所抵消。此外，在设计供应链结构时，还需要考虑库存成本等因素。

本书通过对供应链库存管理特点及供应链库存管理中几个问题进行描述后，对供应链库存管理进行改进：

（1）建立供应链的整体观念。首先，为了在确保供应链整体绩效前提下实现供应链成员企业之间库存管理的协同，有必要分析许多直接和间接的影响因素，如供应链企业共同目标、共同利益和价值追求。其次，建立有效的信息交流机制。供应链库存管理系统中存在着大量的信息不对称现象，因此需要加强信息传递过程的效率。再次，明确绩效评价主体。构建合理的绩效考核体系。以全面的信息共享为基础，通过统一企业间的绩效指标和评估方法，实现供应链成员对库存管理的统一认识。最后，从整体效益出发，推广"共赢"的经营哲学，主动协调各方需求，建立完善的供应链库存管理体系。目的是让供应链中的所有参与者就绩效评估的内容和方式达成一致，以便实现库存信息的彻底共享。

（2）简化供应链结构。供应链的结构对库存管理具有十分重要的作用。供应链长度和节点间的关系是导致信息传输不顺畅和库存成本增加的主要原因。优化供应链结构是确保节点间信息顺畅传递和有效库存管理的核心，也是根本解决方案。因此，应尽量简化供应链，减少节点数量，简化节点间关系。最后，要对供应链的各个环节进行有效的整合。

企业要整合供应链的不同环节，形成基于共同目标的"虚拟组织"，通过成员间的信息共享、资金和物资调配来实现组织目标和优化整体绩效。通过这种方式，可以克服供应链环节众多和复杂导致的库存管理效率低下问题，确保库存管理数据能够实时快速地在各节点间传递，显著降低库存成本，快速响应顾客需求，提高供应链库存管理的整体效率。

二、供应链库存管理的四种模式

（一）传统的库存管理模式

传统的库存管理模式以每个节点企业的独立操作为特点，物流渠道中的每个环节都单独管理自己的库存，并采用各自的库存控制策略，而这些环节之间往往缺乏有效的沟通和信息共享。在这种模式下，库存管理是建立在单纯的交易基础之上的，主要以订单进行推动，对库存采取静态的单层次管理方法。

(二)联合库存管理模式

联合库存管理(JMI)模式是一个集中于协调中心的库存管理方式,旨在加强供应链上各个节点企业之间的合作,并有效解决供应链中的"牛鞭效应"问题,从而推动供应链实现同步化运作。这种模式下,供应链的各个节点企业共同参与并联合规划库存,以确保整个供应链管理流程中各个节点的库存管理者都能从整体协调性角度出发,以实现相邻节点之间对库存需求预测的高度一致性,消除需求信息扭曲导致的问题。在 JMI 模式中,各个节点不再孤立地进行库存管理,而是通过协作和共同决策,使库存管理成为衔接供应和需求的纽带,实现供应链上的有效协调。

(三)供应商管理库存模式

供应商管理库存(VMI)模式是一种基于战略合作伙伴关系的库存决策代理方式,采用系统化和集成化的思路进行库存管理,以促进供应链的同步运作。在这一模式下,供应链上游的组织(即供应商)负责规划和管理下游组织(如分销商或批发商)的库存策略,特别是订货策略。这种合作基于一项共同协议,目标是双方都能实现最低成本。供应商不仅承担库存管理的职责,还代表分销商或批发商做出库存相关的决策。

(四)协同计划、预测和补货模式

协同计划、预测和补货(CPFR)模式是一种集成的供应链库存管理技术,它融合了 JMI 和 VMI 的优势,并克服了它们在供应链整合方面的不足,旨在同时降低分销商的库存水平和提升供应商的销售量。通过一套完整的处理流程和技术模型,CPFR 覆盖了供应链合作的全过程,而通过联合管理业务流程和共享信息,加强分销商与供应商之间的伙伴关系,可提高预测的准确性,提升供应链效率,减少库存并增加顾客满意度。CPFR 的核心优势在于能够精准预测由促销活动或不常见变化引起的销售峰值和波动，使分销商和供应商能够及时做好准备，把握主动权。它倡导采用双赢策略，从整体供应链的角度出发，设立统一的管理目标和执行计划，专注于库存管理的同时，也考虑供应链中其他环节的协调和优化。

三、库存管理详细设计

库存管理设计如下图4-2所示。

```
基础数据    库存计划    库存订单    供应商
 管理        管理        管理        管理
```

图4-2 库存管理设计

（一）基础数据管理

基础数据管理是对系统内频繁使用的共享数据——基本静态信息——的创建和维护，这些数据的规范化和准确性是确保操作效率和数据质量的关键。基础数据包括各类订单处理模式、交货策略、库存管理人员、退货处理流程，以及库存系统的配置等方面的信息。

（二）进行库存计划管理

在库存计划管理中，包含库存计划维护与库存申请单明细表两个接口。其中，库存计划维护界面包含编号、名称、种类、数量、规格、需求时间，以及申请部门等信息。已经产生的库存计划能够被修改并删除。已核准的库存计划能够产生库存订单；未核准及已撤销的库存计划能够被修改及删除，在库存申请单明细表接口中可调取全部库存申请单。

（三）对库存订单进行管理

库存订单管理接口由库存订单维护、库存合同维护、库存订单结案

3个接口组成。在库存订单维护阶段，可以通过订单号查询订单的制单日期、负责人和具体执行细节，同时可以创建新的订单。库存合同维护环节是库存订单管理中不可或缺的一部分，通过输入合同编号、订单编号、供应商信息、支付条件、收货日期、总金额、合同签订日期，以及双方商定的违约金比例和预付款等信息来生成新的库存合同，并自动录入库存合同明细表中。此外，还可以根据合同编号查询特定项目的合同详情。在库存订单结案部分，需要添加订单编号、物料编号、物料名称、需求数量、规格、单价、需求日期和供应商等详细信息来生成库存订单明细。一旦确认，系统将自动更新库存订单明细表中的相关物品信息，从而完成整个库存订单的管理流程。

（四）供应商管理

供应商管理主要由供应商资料、供应商价格、供应商评估、供应商资料更新4个接口组成。供应商资料界面主要涉及供应商的基本信息，如供应商编号、名称、地址、企业性质、开户银行、支付方式、电话、联系人，以及其他备注信息。采购人员可以通过输入供应商编号来查询供应商的详细信息，并在需要时更新这些信息。供应商价格界面主要记录报价单编号、物料编号和名称、供应商名称、规格、报价日期、开户银行、批量范围和平均价格等信息。库存管理人员可以通过添加、查询和删除等操作来管理供应商的报价信息，系统也会根据实际运行情况自动更新价格信息表。供应商评估界面主要通过物料编号和名称、供应商名称和编号、平均价格、售后服务、交货能力、信誉度及综合评价指数等信息来评估供应商的绩效。采购人员可以输入供应商名称，结合已有的资料对供应商进行综合评级（优秀、良好、一般、较差），并可以更新这些评价信息。供应商资料更新界面是供应商资料更新的先决条件。为了保持供应商信息的时效性和准确性，采购人员在供应商信息更新过程中需要及时准确地添加或删除供应商信息。

四、库存管理方法

过去人们一般认为仓库中的货物越多就说明企业越发达和繁荣，现代管理学把零库存视为库存管理的最佳状态。为了对库存进行较好的管理，使安全库存量和成本达到均衡，过去曾使用过许多管理方法，下面介绍4种常见的传统库存管理方法并对其进行详细介绍。

（一）准时生产制（JIT）库存管理方法

准时生产制（JIT）是一种以实现零库存为目标的库存管理方法，强调在恰当的时间生产恰当数量的产品，从而最小化库存成本。它要求供应链上的每个环节紧密配合，以实时需求为基础调整生产和供应，确保每个生产环节刚好满足下一环节的需求，无须过量生产或储存。JIT方法的一个关键组成部分是看板管理，它是一种现场控制技术，通过看板系统将生产指令从下游传达给上游，促进生产活动的自我调节。这种方法使后道工序的需求直接驱动前道工序的生产，可以保证生产的准时性和灵活性，有效地降低库存和提高生产效率。

（二）ABC重点控制法

ABC重点控制法的基本要点是把企业所有存货划分为甲、乙、丙三大类。在管理中，对于数额较大的甲类材料，要强化管理及控制，对于乙类材料则按一般办法来管理及控制，丙类材料种类较多，但其价值较小，用最简单的办法就能加以管理及控制。

在以上ABC三种库存中，因各种库存的重要性不一，通常可采取以下几种控制方法：

（1）A类存货控制应统计各项目经济订货量、订货点等，并尽量适当地提高订货数量，减少库存积压，即降低其高昂的存储费用及巨额资金占用；可针对这类库存单独建立永续盘存卡片来强化日常管控。

（2）对于乙类存货之管控，亦应预先统计各项目的经济订货量及订货点,并可共享建立永续盘存卡片反映存货动态,但要求不需如甲类般严苛,只需经常概括性核对即可,以节约储存及管理成本。

(3)在 C 类存货控制中,因其数量大、单价低、存货成本低,可适当提高每次订货数量并降低全年订货次数。对于这种材料,通常可采取一些比较精简的办法来管理,如"双箱法"。

所谓"双箱法",即将某库存物资分装入两个货箱内,其中第 1 箱库存量为到达订货点所消耗的数量,在第 1 箱使用完毕后,表示必须立即申请订货,以便在生产上补充已领用及即将领用的物资。

(三)经济批量法

经济订货量法,是一种确定最优订货量的计算方法,目的是最小化总的订货和持有成本。这种方法基于几个关键的假设:固定的需求量、固定的订货成本,以及每单位商品的固定持有成本。此外,假定补货能即时完成,则不需要考虑缺货情况下的安全库存。经济批量法的核心是找到一个理想的平衡点,使得与订货和持有库存相关的总成本最低。该方法考虑了在一定时期内固定销售量的情况下,每次订货固定费用的影响以及每件商品储存成本的影响,通过计算得出一个最经济的订货批量,以确保在满足需求的同时,使得总成本最低化。

(四)库存盘点实践法

盘点,也称盘库,即通过清点、过秤、对账来核对仓库中实际库存的数量与质量。其工作内容包括:确定实际库存量与账卡是否一致、确定库存产生损益的真实原因、确定库存商品质量状况、确定是否有超出储存期限的库存。其目的在于保证账、卡、物的一致。

第五章 供应链核心信息化技术

供应链上的信息可分为两类,一类是供应链上各个节点之间的信息,另一类是各个节点上企业内部信息。企业利用网络采集并发布来自企业内外部两大信息源的信息,抓取能够创造价值的经营方式、技术与手段来进行网络化运作,而这一企业运作中的信息系统不同于传统企业信息系统,它要求一种全新的信息组织方式与高规格战略。所以,对供应链管理模式进行研究,必须先从变革原有企业信息系统结构,构建以供应链管理为导向的新型企业信息系统着手,为供应链管理得以推行提供先决条件与保障。

第一节 信息技术在供应链管理中的作用

供应链伙伴关系指的是处于供应链不同环节的企业之间建立的长期合作战略联盟。这种关系有助于降低运营成本、提高响应速度,并有助于增加市场竞争力。在当今日益激烈的商业竞争中,供应链伙伴之间越来越注重持久和密切的协作,这种协作基于双方的相互信任和共同目标,旨在通过合作来达成共同的计划并解决遇到的问题。供应链上的每一家企业都应致力通过信息的公开和共享、共同的规划,以及业务的合作来维护并增加伙伴间的利益。信息技术在这一过程中的应用主要包括以下几点:

一、促进供应链关系的建立与沟通

信息技术可以为供应链中的核心企业及其上下游伙伴之间的紧密合作提供技术支持，并大幅度提高供应链整体的运作效率。通过运用先进的信息技术，供应链上的每一个成员——无论是供应商、制造商、分销商还是零售商，甚至是最终消费者——都能在互联的网络环境中进行快速、双向且全面的信息共享和沟通。这种信息的透明流动在很大程度上有助于加强供应链各环节之间的协调与合作，同时可以使企业更准确地把握市场动态和客户需求，从而在激烈的市场竞争中占据有利地位。

二、推动业务流程的优化与重组

信息技术通过整合供应链内部及其上下游企业之间的核心业务流程，能够解决跨部门和跨企业的问题，进而提升供应链的整体运作效率。信息技术支持下的业务流程有助于增强企业内部的协调性，促进与供应商、分销商和其他合作伙伴之间的协作，使得供应链中的每个成员都能在统一、优化的业务流程中高效地工作。随着市场竞争的加剧，这种对业务流程的优化和重组可以使企业能够更好地适应供应链竞争的新环境，从而在激烈的市场中获得更有力的竞争优势。

三、降低交易成本

信息技术有助于实现业务流程的数字化和自动化，使供应链中的各个成员高效地共享和管理信息，减少信息获取和处理的时间及成本。这种快速、低成本的信息流动有助于提升供应链的整体效率，降低因信息不对称而产生的误解和错误，进一步降低企业间协调和沟通的难度。因此，信息技术在供应链中的应用，对于缩减企业之间的交易成本、加速决策过程、增强供应链的响应速度和适应能力，以及最终实现供应链整体价值最大化等方面都具有重要意义。

四、供应链资源的优化配置

应用信息技术,可以实现供应链中人力、财力、物资,以及生产和销售资源的最佳分配和高效利用。这意味着,根据市场需求和物资供应情况,信息技术能够帮助企业有效地整合和调配分散在不同地域的物流资源和设备,通过科学的规划与调整,确保物流设施和服务能够最大限度地提升效能。这种优化配置能够提高资源使用效率,增强供应链对市场变化的响应速度和灵活性,进而在保持成本可控的同时,提升顾客服务水平,实现供应链管理效果的最优化。

五、构建新型顾客关系和发展高效营销渠道

通过信息技术的应用,供应链管理者能够在客户和供应商之间搭建起一个信息和知识的桥梁,从而开启一种新的客户关系模式。以GE公司为案例,该公司通过建立一个名为TPN(trading process network)的开放式在线网络,实现了对公司所需原材料及零部件的在线招标采购。这种做法使得GE能够高效地选择到最优秀的供应商,降低采购成本,优化采购流程,并为公司采购团队提供了接入全球市场的通道。对于广泛的供应商来说,通过GE的开放式在线网络,他们可以实时了解到GE的需求,并参与到招标过程中来。这种模式有助于提高采购的效率和透明度,也为供应商提供了很大的市场机会,同时有助于深化供应链中各方之间的合作关系,推动高效营销渠道的发展。

利用网络和其他信息技术与消费者进行交流已经成为商家获得消费者和市场需求信息的重要方式。在供应链的不同参与者之间,通过信息网络进行订货、销售和预测信息的交换,已成为常态。对于那些在全球范围内经营的跨国公司来说,信息技术的发展使得它们能够将业务扩展到全球的每一个角落。公司利用互联网与经销商合作,建立零售商订货及库存管理系统,如VMI系统等。通过这些信息系统,公司可以实时了

解零售商的商品销售情况,并根据这些信息适时地补充库存和调整销售策略,以支持零售商提高营销效率和顾客满意度。

六、变革传统流通方式以构建企业间价值链

随着产品和服务的获取变得更加便利,它们的流通和使用模式正在经历变革。例如,音乐和其他软件产品过去通常通过 CD 或磁盘进行市场流通和销售,这一过程需要经历多个分拣和包装流程。然而,现在许多软件产品可以直接通过互联网销售给消费者,省去了物理分拣、包装和运输环节。

基于公司的核心能力以及行业内的共同实践,信息技术开始在构建企业间价值链中发挥作用。当生产商和零售商开始将物流和信息管理等任务外包给第三方服务提供商时,他们发现在不完全控制供应链的情况下进行管理和控制成为一大挑战。然而,生产商、零售商以及以物流和信息服务为核心的第三方服务供应商共同构建了价值链。此外,在航空运输行业中,航空公司采用全行业的订票系统,而不是各自独立运行自己的系统,这也是价值链构建的一个例证。

七、有全球化管理能力,根据消费者需求进行批量生产

信息技术可以为供应链管理者提供大量有用的信息,使其能够在进行商业创新或评估决策结果时进行有效管理。例如,企业在考虑仓库搬迁或更换生产地点时,可以通过建模预测这些变更可能带来的影响。众多企业利用详细的销售和成本信息,对市场变动做出最佳反应,从而在竞争中占据有利位置。

在当今以高科技产品为主导的市场变化迅速,这类产品的生命周期短,企业需要不断调整其商业策略以适应这些变化。面对决策变量的不断增多、范围扩大和信息复杂化,传统的决策模型不再满足供应链管理的需求。因此,出现了许多专为供应链管理设计的决策模型软件,如

WMS、ERP、SCP、CAPS 和 LOGISTICS 等。全球化经营不仅要求企业在全球市场进行活动，还要求它们根据地方需求、习俗和文化进行精准定位。众多企业利用信息技术开发了企业信息系统，实现了对全球业务活动的整合和管理。例如，DELL 公司利用信息技术开发了一个满足消费者需求的大规模生产系统。消费者可以通过 DELL 的网站定制他们所需的产品功能，DELL 根据这些具体需求制造产品，并迅速将其送达消费者手中。DELL 的电子商务模式直接建立了与最终消费者的信任关系，有效推广产品，提供优质服务，同时降低了分销和营销环节的供应链成本。

第二节　数据传输和交换技术

一、EDI 技术概述

EDI 指的是电子数据交换技术，是以标准格式进行的公司间业务文档通信。EDI 的简单定义是一种标准的电子格式，它取代了采购订单或发票等纸质文档。通过自动化基于纸面的事务，组织可以节省时间并消除由手动处理引起的代价高昂的错误。

在 EDI 事务中，信息直接从一个组织中的计算机应用程序移动到另一个组织中的计算机应用程序。EDI 标准定义了文档格式中信息的位置和顺序。利用这一自动化功能，可以快速共享数据，而不是使用纸面文档或其他方法时所需的数小时、数天或数周。

如今，各行业使用 EDI 集成来共享一系列文档类型，从采购订单到发票，再到报价请求，再到贷款申请等。在大多数情况下，这些组织是经常交换货物和服务的贸易伙伴，为供应链和 B2B 网络的一部分。

二、EDI 的特点及成本效益

（一）EDI 特点

（1）EDI 的应用对象可以是不同的电脑系统。

（2）EDI 传送的资料主要是业务方面的，如发票、订单等。

（3）与一般的以自然语言为基础的自由文本格式不同，EDI 使用的是统一的标准化结构数据格式。

（4）使用 EDI 可以尽量减少人工操作，而由两方的计算机直接进行数据信息交流。

（5）可以直接访问数据库或从数据库中生成 EDI 的报文，从而与用户计算机的数据库进行连接。

（二）EDI 成本效益分析

第一，EDI 技术的引入减少了传统纸面文档的存储和传输成本，如纸张、打印、邮寄等费用，为企业带来了显著的经济效益。

第二，EDI 解决方案通过优化文档共享和处理流程，提高了企业的生产率等。在 EDI 系统中，业务文档可以在短时间内被快速、准确地处理和共享，从而加快了业务决策的速度。

第三，EDI 数据传输采用严格的标准化格式，确保了信息和数据在进入业务流程或应用程序之前得到正确格式化。这种标准化不仅减少了数据格式不一致导致的错误，还提高了数据的可读性和可用性。此外，EDI 还提供了数据验证和错误纠正机制，进一步降低了错误发生的可能性。这些改进有助于提高企业的业务处理质量和效率，降低错误导致的成本和风险。

第四，EDI 集成技术使得电子文档可以与一系列 IT 系统无缝集成，从而提高数据的可追溯性和报告能力。通过 EDI 系统，企业可以轻松地收集、存储和分析业务数据，以支持决策制定和业务优化。此外，EDI

还提供了强大的报告功能，帮助企业了解业务运营状况、评估绩效并发现潜在问题。这些改进有助于企业提高运营效率、降低成本并提升竞争力。

第五，EDI自动化技术通过促进高效的交易执行和及时、可靠的产品和服务交付，为客户带来了更好的体验。在EDI系统中，企业可以快速地处理订单、发货和收款等交易，从而缩短客户等待时间并提高客户满意度。此外，EDI还提供了实时跟踪和查询功能，使客户能够随时了解订单状态和交货情况。这些改进不仅提高了客户的满意度和忠诚度，还有助于企业建立更好的品牌形象和口碑。

对于大型组织而言，EDI能够跨贸易伙伴制定统一标准，进而提升整体效益。而较小的组织尽管在资源和影响力上可能不及大公司，但通过遵循EDI标准，能够更有效地与那些拥有庞大预算和广泛影响力的大型企业进行整合。这不仅有助于小组织扩大业务范围，还有助于它们在合作中学习更多先进的管理和技术经验，为其未来的发展奠定坚实的基础。

三、EDI标准

EDI的产生成为社会各个方面的关注点之一，其标准化也成为人们关注的对象。在EDI的早期发展阶段，普遍采用的是适用于多个行业的标准，这导致无法实现行业间的统一对接和互联互通，限制了EDI的效用，也阻碍了其在全球范围内的推广和应用。例如，在美国，汽车行业遵循AIAG标准，零售业则使用UCS标准，而货物及冷冻食品存储行业采用WINS标准。在日本，连锁店协会遵循JCQ标准，全国银行协会和电子工业协会则分别采用Aengin和EIAT标准。这表明，世界各国都在努力推动EDI的发展和标准化，以促进其更广泛地应用。

四、RFID 技术

无线射频识别（RFID）是一种无接触的自动识别技术，通过无线电频率信号自动识别目标对象并获取相关数据，无须人工干预。系统由标签（tag）、读写器（reader）和数据管理系统三部分组成。

RFID 标签又可以被称作应答器，如同传统的二维码，可以固定在商品上用于记录信息；RFID 读写器又称收发器，有将信息读写到 RFID 标签上的功能；RFID 后端的数据库就是基于系统中已有的关于 RFID 标签的信息通过管理和记录所生成的数据库，通常来说这种数据库有着较为有效的数据分析以及计算和储存能力。另外，在该系统上安装与其相匹配的应用接口或者中间件，有助于开展 RFID 标签数据信息收集活动，并通过各种传输的方式进行传送。

（一）电子标签

电子标签通常直接贴附在对象上，并通过唯一的序列号来定义对象的性质，其功能大体与条码技术类似，储存附着在物体上的有关身份的信息。所以，在同一个系统中，这属于一种真实的信息载体。这种较为典型的电子标签中含有储存数据信息的电子芯片和一系列耦合元件（如盘在上面的天线等），通过射频信息或者外部磁场这两种方式来获取能量。

根据能源获取方式的不同，标签可分为三类：有源标签、半主动标签以及无源标签。有源标签和半主动标签均配置有电池或其他形式的能源装置，它们依靠这些能源装置自主地发射和接收射频信号，能够支持更远距离的通信，范围通常为 100～1 000 m。相反，无源标签并不包含内部电源，而是通过其耦合的天线从读取器发出的信号中吸收能量，利用电磁感应或反射原理，其芯片电路上可产生足够的电流来激活标签。这种方式下，标签激活后才能与读取器进行交互。由于缺少内部电源，无源标签的作用距离较短，一般只有几米到几十米的范围。

根据功能划分，标签可分为只读标签、可读写标签和带密码保护的标签。只读标签在制造时由生产商设置了唯一的序列号，这个序列号用于识别标签的身份，由于标签不具备数据重写的功能，一旦序列号编入，便无法更改，标签只能进行单向的信息传输到读写器。而可读写标签允许数据被反复读取和写入，其数据写入的范围从一个字节到数千字节不等。它能将数据传送给读写器，同时它所保存的数据也能通过读写器进行修改，避免信息外泄。

根据载频的差异，标签可以分为：低、中、高三种类型。低频标记主要是 125 Hz、134.2 Hz，中间标记主要集中在 13.56 MHz，而在 433 MHz、915 MHz、2.45 GHz、5.8 GHz 等频率上。其中，以 125 kHz 的低频率和 13.56 MHz 的高频为主导。实际在需要大量的数据传输和门禁控制和通信时，通常使用的是中频系统，但是由于频率较高，而且发射的波束具有很高的方向性，所以其通常被广泛地应用在铁路监测等场合。

（二）读写器

读写器的主要作用是读取和写入标签信息。按照通信模式的不同，读写器可以分为两种：读写器优先（RTF）模式和标签优先（TTF）模式。在读写器优先模式下，标签不会自动向读写器发送射频信号。它们只有在接收到读写器发出的信号，并成功接收到读写器的完整指令后，才会回送相应的数据信息以响应读写器的指令。而标签优先模式，特别是针对被动式标签系统来说，读写器只发送连续且无须控制指令或消息的射频能量，这种能量足以激活标签。标签被激活后，才会将其存储的数据信息发送至读写器。在读写器与标签进行信息交换的过程中，还涉及全双工和半双工的不同，这会影响数据传输的方式。

按照应用方式，读取和写入可以分为固定读取和写入、移动读取和写入、集成读取和写入。采用固定读取和写入作为后端的服务器，读取和写入装置和天线被固定安装在各种地点，同时读取和写入装置可以提供多个天线和多个输入/输出装置的连接,以便于通信;移动读取和写入装置集成了后台服务器,体积小,方便搬运;集成读取和写入装置将天线整合于读写器机壳内部而将读写器装设于固定场所,而后端数据库另择场所装设。

读写器按照载波频率的不同,可以分为低频(LF)、中频(MF)和高频(HF)三种类型。这些不同频率的读写器分别与相应频段的标签兼容使用。

(三)后端数据库

后端数据库是一个兼容各种硬件平台的数据库系统,它整合了系统中间件、应用软件以及数据库本身,主要负责数据的存储和处理工作。这一系统通过与读写器的交互,完成对RFID标签的读写任务,同时在与中间件的合作下,能够接收来自可信读写器的数据信息,并为数据访问提供支持。除此之外,后端数据库在标签与读写器间的认证过程中,还提供额外的服务,增强系统的整体功能和安全性。

第三节 信息化的安全保证和安全技术

RFID系统的"系统开放"设计理念,使其存在一定的安全性问题。此外,RFID技术的目的在于降低成本与提升效率,这就导致大规模部署所需的电子标签需要低成本和简化设计。因此,它们难以支持复杂的加密算法。这样的设计和成本限制使RFID系统易受到安全威胁,需要进行特殊的安全机制设计。在RFID系统运行过程中,读写器向标签发送射频信号的通道被称作"前向通道",而标签向读写器返回信号的通道被称作"反向通道"。大多数情况下,标签为被动式,依赖读写器提供能量,因此读写器发出的无线信号功率通常远大于标签,导致前向通道的覆盖范围较反向通道更广。此外,标签与读写器间的通信还会受到噪声、通信频率、障碍物等多种因素的影响。在分析 RFID 系统的安全性时，通常会做出这样的基本假设：标签与读写器之间的通信通道是不安全的，而读写器与后台数据库之间的通信通道则被认为是安全的。

一、数据的完整性

数据完整性是指通信时接收者所接收到的数据和发送者所发送数据之间具有一致性，并且不存在篡改和更换问题。这一特点还表明，数据准确可靠。在通信过程中，如果数据完整性得不到保证，这也说明数据有可能已遭到篡改或丢失，从而使其中所蕴含的信息变得残缺乃至失效。

通常，公钥加密系统依赖消息摘要或数字签名等技术来维护数据的完整性。与此相对，RFID 系统常通过消息认证码（MAC）来确保传输数据的完整性，这一过程涉及使用共享密钥或不使用密钥的哈希（Hash）算法。该算法基本上是将来自后端数据库和标签共享的秘密与待验证的信息相关联或对该信息进行哈希运算。由于哈希函数的特性，即使是对消息进行微小的修改，也可能触发雪崩效应，导致消息认证码的改变。在实际应用中，尽管使用消息认证码等高级技术可以在一定程度上保护信息传输的完整性，但在不采用数据完整性保护措施的可读写标签系统中，攻击者可能会通过分析 RFID 标签对读写器查询请求的响应来发现系统加密算法、安全协议及其实施细节的漏洞，从而篡改或删除标签中的数据。

二、关于身份的真实性

在 RFID 系统中，验证标签的身份真实性对许多应用场景而言，是十分重要的。只有当标签和读写器互相确认对方的合法性后，才会交换信息和接受控制命令。因为标签和读写器之间的通信通过无线射频信号在非安全的信道中进行，攻击者可以轻松地截获通信中的敏感信息，并利用这些信息来对系统进行欺骗，如通过重放攻击来模仿合法标签的信号或者利用伪造的标签来代替真实物品，甚至通过替换物品标签来达到欺诈的目的。此外，攻击者可能通过技术手段阻断合法标签的信号，以便物品不被检测而被偷运，也可能假冒合法读写器对标签发出指令，以修改标签内的数据。因此，要确保数据的真实性，需要在读写器确认标签的合法性后再接收其数据，同样，标签也只有在确认了读写器的合法性之后才向其发送数据。

三、数据的隐匿性

在 RFID 系统中，需要确保标签数据不被非授权的读写器访问。标签应该只向经过验证的合法读写器揭露其内部数据，以保障信息的安全。若没有适当的安全措施，标签内的信息在通信过程中缺乏保护，非常有可能被未授权的读写器截获。考虑到多数标签由于成本因素，其计算和存储能力非常有限，不能支持点对点加密或公钥基础设施（PKI）等高级加密通信，这就使得在标签与读写器之间交换的信息易被攻击者捕获和利用。因此，为了防止敏感信息通过非安全的无线信道泄漏，需要实施有效的安全机制，以保证只有授权的读写器能访问标签内的数据。

考虑到从读写器到标签的射频信号（前向通道）通常具有更广的覆盖范围，它比标签到读写器的信号（反向通道）更容易被攻击者截获和监听。这种情况下，前向通道上的信息传输显得尤为脆弱，因为攻击者可以较容易地捕捉这些信号，并通过边信道攻击方法——分析通信过程中的时间、能耗以及各种电磁辐射等规律。

四、侵犯用户隐私的行为

在 RFID 技术的多种应用中，携带的信息面临两个主要的隐私风险：位置隐私和信息隐私侵犯。位置隐私涉及个人的活动模式，因为攻击者能通过监控 RFID 标签来跟踪一个人的移动，从而获取其行动轨迹。信息隐私指的是标签内储存的敏感数据，这些数据一旦被泄露，标签的所有者可能无法保护其个人信息不被外泄。

五、RFID 系统安全性要求

在构建一个安全的 RFID 系统时，需要满足对安全和隐私保护的高标准需求。这样的系统应当包括以下几个安全特性（图 5-1）：

前向安全性

不可分辨性　　　　访问控制

抗通信量分析　　　抗重放攻击

图 5-1　RFID 的安全需求

（1）前向安全性。即便攻击者能够获取标签当前的数据和过去的数据，也无法解读出任何有关标签的隐私信息或通过当前数据追踪到过去的数据。

（2）不可分辨性。它是指攻击者无法将从不同标签接收到的数据归属于特定的标签，同时无法从同一标签的多次数据输出中区分出具体的输出数据。

（3）访问控制。即使攻击者尝试冒充合法的读写器来访问标签，系统也能够辨别并拒绝这种非授权的访问，同时允许授权的读写器顺利读取标签信息。

（4）抗通信量分析。它是指攻击者通过捕获大量的通信数据并分析其模式，不能识别出通信过程中的特定模式或规律，从而无法破坏或干扰通信协议。

（5）抗重放攻击能力。系统能够阻止攻击者重放之前捕获的通信数据以冒充读写器与标签之间的合法通信，确保通信的真实性和有效性。

第四节 大数据技术

一、大数据的概念

大数据（big data），直译成巨量资料，利用大数据技术可以对这些数据进行提取、管理和加工，并且在合理的期限内整理成有助于企业经营决策的信息。根据麦肯锡全球研究院的定义，大数据是指那些在数据的收集、存储、管理、分析等方面超出了传统数据库软件工具能力范畴的数据集。它主要根据四个特性来界定：一是数据量很大，远超过常规处理能力的范畴；二是数据流动速度很快，要求实时或近实时的处理速度；三是数据类型繁多，包括结构化、半结构化、非结构化数据；四是价值密度相对较低，也就是说，从海量数据中提取有价值的信息需要高效的分析工具和技术。

从互联网技术层面来看，大数据（big data）和云计算技术两者密不可分，一方面大数据的处理和计算不可能利用单一的计算机，要完成这个操作必须采用分布式架构，对巨量的数据进行分布式挖掘，因此必须依托云计算的分布式处理、分布式数据库和云存储、虚拟化技术。另一方面，大数据能带来的经济效益也很好地为发展相关技术的企业提供反哺，使得业界顶级互联网公司能在相关领域投入更多资金，促进相关技术发展。

大数据是如今数字化世界的新型战略资源，是未来互联网技术生态创新的重要组成因素，其正在改变人类旧有的生产和生存方式，是人类文明进一步发展的重要基石。

理论上说，人们在互联网上的绝大部分行为都会被记录为大数据的一部分，其中用户与用户之间交易、沟通，以及用户在各种网站、平台进行交互都会产生大量数据，这也给物联网的发展提供了数据支持。国际互联网数据研究中心指出：在全球的互联网上，数据量每年都会增长50%，根据这个数据，互联网上的总数据量两年就会翻一倍，大数据毫无疑问已经成为当前世界最有价值的财富之一。

大数据有四个特征：数据体量大、数据类型多、处理速度快以及应用价值高，这也是大数据技术的核心特征（图5-2）。

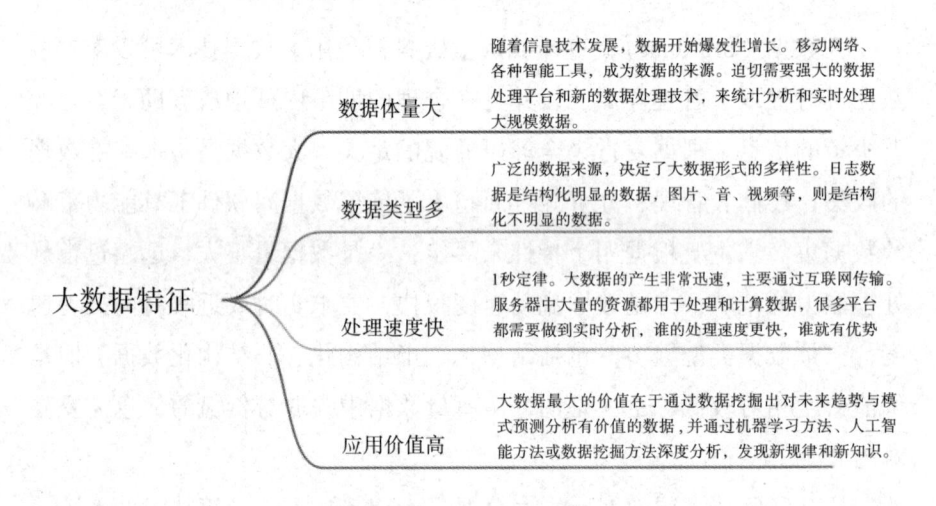

大数据特征		
	数据体量大	随着信息技术发展，数据开始爆发性增长。移动网络、各种智能工具，成为数据的来源。迫切需要强大的数据处理平台和新的数据处理技术，来统计分析和实时处理大规模数据。
	数据类型多	广泛的数据来源，决定了大数据形式的多样性。日志数据是结构化明显的数据，图片、音、视频等，则是结构化不明显的数据。
	处理速度快	1秒定律。大数据的产生非常迅速，主要通过互联网传输。服务器中大量的资源都用于处理和计算数据，很多平台都需要做到实时分析，谁的处理速度更快，谁就有优势
	应用价值高	大数据最大的价值在于通过数据挖掘出对未来趋势与模式预测分析有价值的数据，并通过机器学习方法、人工智能方法或数据挖掘方法深度分析，发现新规律和新知识。

图 5-2　大数据特征

二、基于大数据的供应链体系结构

在构建以大数据为基础的供应链体系时，每个参与的企业都被视为网络中的一个节点，而供应链大数据分析平台则位于这个架构的核心。在该体系结构中，通过功能的集成可以实现供应链网络中各成员之间的紧密协作。其中，大数据供应链分析平台连接着供应链上所有节点的企业和相关环节，可以促进数据的有效流动和交换。这个平台使得各参与企业能够共享和整合大数据系统中的资源，每个企业都可以利用平台提供的服务来访问、获取和共享必要的信息和资源。这种方式能够保证供应链中每一个环节的企业都在一个公平的基础上进行互动和协作，进一步优化供应链的整体运作效率。这里假设供应链的每一层级仅由单一企业构成，具体的供应链架构，如下图5-3所示。

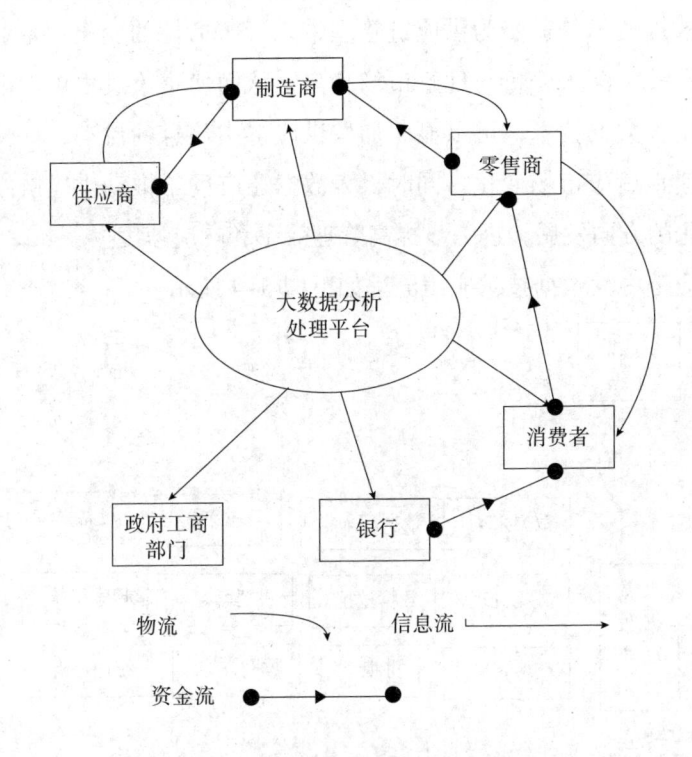

图 5-3 基于大数据的供应链体系结构

供应链中每一位成员所获得的信息将不再仅限于直接的上下游合作伙伴，他们能够接触经过大数据平台整合之后的整个供应链网络的共享资源。这有助于供应链的一体化运营，大大提升供应链整体的运作效率。

大数据技术在供应链管理中发挥的作用主要包括以下几个方面：

（1）聚合价值信息，有效预测市场。
（2）协同企业核心业务，紧密整合供应链。
（3）有效控制成本，改进决策依据。
（4）合理部署资源，驱动智慧供应链。

三、大数据技术引导供应链变革

大数据技术的进步为供应链管理带来了革命性的变化。企业可以利用大数据技术深入分析与理解市场趋势,从而使决策过程更加准确和高效。应用大数据技术,可以显著加快供应链中信息的流动,并使企业能够更迅速地适应市场变化。同时,大数据还有助于推动供应链结构向更加扁平化的方向发展,进一步提高管理效率和响应速度。

供应链中大数据技术应用流程如下图 5-4 所示。

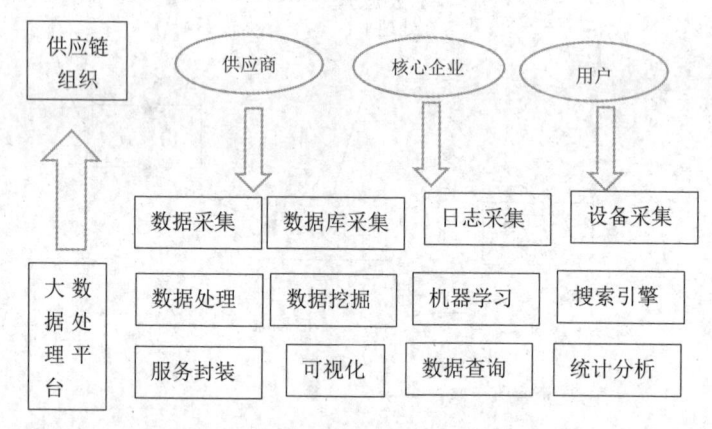

供应链组织	供应商	核心企业	用户
	↓	↓	↓
↑	数据采集	数据库采集	日志采集	设备采集
大数据处理平台	数据处理	数据挖掘	机器学习	搜索引擎
	服务封装	可视化	数据查询	统计分析

图 5-4 供应链中大数据技术应用流程

在供应链管理中,大数据技术的应用涉及供应商、核心企业以及客户的全过程生产活动。通过采用各种大数据收集工具,如传感器和在线平台,可以实时地收集和传输消费者需求、供应商信息、生产数据,以及物流详情等关键信息到大数据分析平台。这样,企业就能够在一个集中的平台上分析和处理来自供应链各环节的庞大数据,从而实现更有效的资源分配、生产计划优化和市场需求响应。

在大数据平台内部,可采用数据挖掘和机器学习技术对这些收集来的数据进行加工处理。接下来,平台对这些数据进行分析,将其可视化并进行整合打包。最终,经过整理的信息会被送回至供应链各相关组织,以供进一步的决策和操作使用。

四、大数据背景下采购环节的变革

采购是供应链的最初环节，并且对大多数供应链组织而言，这一环节是主要的成本来源，对其的管理对整个供应链组织十分重要。随着大数据技术的进步，供应链采购的角色和任务也随之发生变革。将大数据技术应用于采购过程，可以使企业在做出采购决策时更加精准，从而有效降低运营风险和成本（图 5-5）。

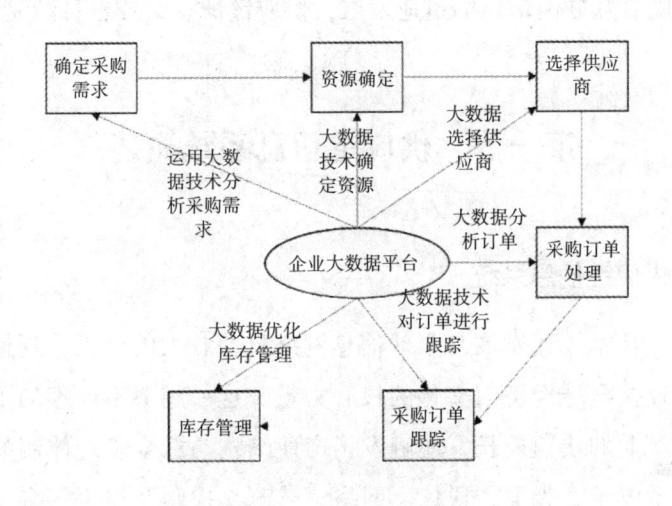

图 5-5　大数据环境下的采购模式

在大数据环境下，企业先利用大数据平台分析历史订单和现有需求数据以确定采购需求。随后，通过数据分析平台调研市场资源并挑选适合的采购资源。之后，运用大数据技术对潜在供应商进行深入分析，包括构建供应商画像、评估产品质量和供货能力等，以筛选最合适的供应商。完成这些步骤后，再利用大数据分析平台生成采购订单，并实时追踪订单进度。

第六章 供应链信息系统的设计

信息共享是进行供应链管理的基础。需求信息共享可以帮助生产商减少库存费用和期望费用,同时使生产商能够更好地安排生产作业及库存计划。随着互联网信息的迅速发展,供应链信息系统也日渐完善。

第一节 供应链信息系统概述

一、供应链信息系统

在信息技术飞速发展与全球信息网络日益壮大的今天,现代信息技术已成为连接全球经济与文化的核心力量。这一趋势不仅推动了信息网络与信息产业的快速成长,还触发了产业结构与社会管理体制的深刻变革,涵盖微电子、光电、通信、网络、感测、控制及显示等多个技术领域。现代信息技术代表着一种多技术领域的集成。进入21世纪,信息管理成为企业管理的核心,信息技术创新成为重塑企业组织结构的核心动力,计算机技术的进步成为衡量企业变革及管理效率的重要因素,如计算机集成制造系统(CIMS)、电子数据交换(EDI)、计算机辅助设计(CAD)、制造业信息化系统(CIIS)等。

二、信息管理的必要性

在信息时代,信息已发展成为企业生存和发展的重要资源。为了在激烈的市场竞争中获得有利地位,企业需要树立以人才为基础、以信息为核心的经营理念。企业是由多个层级和系统构成的复杂结构，信息则是各系统和个体之间沟通和协作的黏合剂。为实现其目标，企业需通过信息的持续传递，包括上下级之间的垂直信息流动，确保各级决策的一致性，也包括部门和岗位间的横向信息交流，协调各类经济活动，以及利用信息技术高效管理人力、财务、物资及生产供应销售等多方面的复杂关系。在以网络信息系统为核心的社会中，各类企业相互依存，形成一个有机的商业生态环境，其中供应链就是这种生态系统中的一部分，它和自然界的食物链一样。企业通过网络收集和发布内外部信息，探索创造价值的商业模式和技术手段，发展网络化的运作模式。这种模式下的信息系统与传统的企业信息系统有着本质的不同，它需要全新的信息组织模式和规划策略。因此，对供应链管理模式的研究应从改革传统企业管理结构开始，从而构建全新的供应链管理模式。

为实现供应链信息共享的目标，企业需面对并解决众多核心问题，包括确立一致的系统功能与业务结构标准，为信息系统的定义、设计及实施制定连续的测试与审查方法，整合供应商与客户的计划信息，同时运用适当技术与方法提高供应链系统的可靠性并减少其运营成本，保证信息需求与关键业务指标对齐。信息管理是供应链管理中不可或缺的一部分。供应链成员间的数据传递可分为手动、半自动化及全自动化三种方式。通过 EDI 等信息技术，能够提升信息的获取速度和服务品质，加强客户之间的联系，提高供应链企业的运营效率，从而增强企业的整体竞争力。尽管如此，实现供应链各企业间的信息交流需要跨越文化差异所带来的挑战。

三、信息共享局限

（一）需求信息共享增加零售商成本

零售商在分享需求信息时，往往需要投入额外的通信和信息技术基础设施，包括购置和维护计算机网络的软硬件设施，如 POS 系统、条形码系统、新的管理信息系统等。此外，还会涉及管理层面的调整，如员工培训、组织架构和业务流程的变革等，这些都需要消耗大量的时间和资源。因此，面对这些潜在的高昂成本，零售商可能会对分享需求信息持保留态度。

（二）需求信息共享存在风险

共享供应链中的需求信息可以为上游企业提供显著的好处，保障其在供应链中的地位，但同时也可能让零售商在与上游供应商协商时失去一些谈判的优势，影响其竞争力。此外，这种信息共享还面临着商业机密泄露的风险，如果竞争对手获得这些信息，可能会对零售商的商业利益造成损害。

在供应链高效运作的基础上，各节点间进行高效、可靠的信息传输和共享。因此，在供应链管理中，强大的信息技术系统是企业成功的关键。计算机的应用有助于节省时间，提高企业信息交换的准确性，减少复杂、重复劳动过程中的人为错误，从而减少出错造成的时间浪费与经济损失，提升供应链管理运行效率。

在全球竞争加剧、经济不确定性增加、信息技术快速发展，以及消费者对个性化产品和服务需求不断上升的背景下，人们已经从以机械和原材料为中心的工业时代过渡到以计算机和信息技术为核心的信息时代。面对市场竞争的压力，传统的企业组织和管理模式已经不再适用，各个企业都在积极探索新的管理模式以增强自己的竞争力。

第二节　供应链信息系统中的技术

在供应链管理中，物流信息技术发挥着至关重要的作用，包括条码

第六章 供应链信息系统的设计

技术、射频识别技术、电子数据交换（EDI）、全球卫星定位系统（GPS）和地理信息系统（GIS）、决策支持系统等（图6-1）。

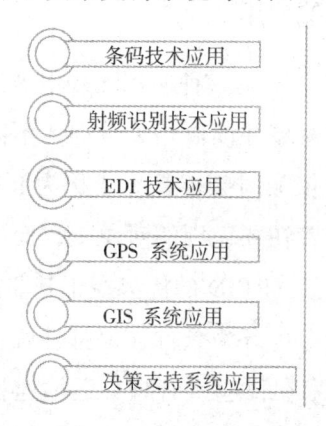

- 条码技术应用
- 射频识别技术应用
- EDI 技术应用
- GPS 系统应用
- GIS 系统应用
- 决策支持系统应用

图6-1 供应链信息系统中的技术

一、条码技术的应用

条码技术是一种自动识别技术，即通过不同宽度的黑白条纹（或者其他对比度的图形）编码信息，然后利用光学原理，通过扫描设备读取并转换成电子信息，以实现数据的快速、准确输入。作为构建零售销售点系统、电子商务、供应链管理等的技术基础，条码技术使企业得以实时监控产品流通过程中的各个环节，迅速适应并应对市场的变化需求。通过将条码技术与自动识别系统、POS系统等整合，企业可以高效管理库存，优化供应链操作，确保信息流的快速、准确流动，从而大大提高供应链管理的效率与效能。

根据不同的编码系统（码制），条码技术遵循不同的组成规则，常见的条码码制包括EAN条码、UPC条码、交叉二五条码、UCC/EAN-128条码等，每种码制都有其特定的编码容量和字符集。

尽管条码技术在全球范围内得到了广泛应用，特别是在零售行业的POS系统中，但在我国，其在供应链的其他环节中的应用仍然有限，也就是说，物流条码技术在我国供应链管理中还有很大的发展空间。

二、射频识别技术的应用

射频识别技术（RFID）是一种使用无线电波进行非接触式通信的技术，它有助于识别特定对象并读取相关数据，不需要建立物理连接或直接视线。这项技术主要依赖射频标签（或称为 RFID 标签）和读写器的配合使用。射频标签附着在要识别的对象上，而读写器则发送信号激活标签，并接收返回的信息。RFID 的优势在于其非接触性质，能够识别高速移动中的对象，耐受恶劣环境条件，保密性好，并且能同时读取多个标签。这使得 RFID 技术在供应链管理、运输监控、安全防盗、电子收费、智能交通和自动化生产等多个领域得到了广泛应用。

三、电子数据交换（EDI）的应用

电子数据交换（EDI）是通过网络系统实施的一种技术手段，允许企业之间根据统一的标准格式进行经济信息的电子传输和自动化处理。这项技术的核心目标是最大限度地减少人工干预，通过自动化交换交易文件，以降低企业运营的时间消耗、复杂度和成本。EDI 在提高响应速度、增强客户服务效率，以及优化库存补给方面发挥着至关重要的作用，成为现代供应链管理中不可或缺的一部分。EDI 技术可以帮助企业实现交易过程的自动化，有效地提升管理效率，提高供应链的整体性能。

四、全球卫星定位系统（GPS）的应用

全球卫星定位系统（GPS）能够在全球范围内为用户提供精确的地理位置和时间信息。系统由地面控制站、空间中的卫星和用户设备三大部分组成。用户通过配备 GPS 接收器的设备可以接收来自至少四颗 GPS 卫星的信号，通过这些信号计算出接收器的精确位置、速度和时间。GPS 技术广泛应用于航海、航空、地面交通、灾害监测和个人导航等多

个领域，对于提高定位的准确性和效率具有非常重要的作用。在供应链管理中，全球卫星定位系统的应用正变得越发普遍，涉及从地面交通、海上航行、空中航行到铁路运输等多个方面。具体应用包括车辆的自我定位与追踪，陆地、海上和空中救援，内河和海洋船队的航线优化以及实时调度，空中交通的管理，以及铁路运输的高效管理等。

五、地理信息系统（GIS）的应用

GIS 技术基于地理空间数据，运用地理模型进行分析，是为地理学研究和决策提供支持的一种计算机技术系统。其核心功能是将表格型数据转化为图形表示，并对这些图形进行浏览、操作和分析。GIS 的展示范围广泛，从全球地图到详尽的地区街道图都能显示，覆盖的内容包括人口分布、销售数据、运输路线等多个方面。在物流分析领域，GIS 通过其强大的数据处理能力，可优化物流分析方法。目前，国际上已经开发了多种 GIS 软件，这些软件专为供应链管理提供分析支持，集成了诸如车辆路线规划、最短路径计算、网络物流分析、分配集中处理及设施选址等模型。

六、决策支持系统的应用

（一）决策支持系统的产生与发展

在 20 世纪 70 年代中期，决策支持系统（DSS）的概念得以提出，推动了计算机和信息技术在决策支持领域的应用，也促进了决策支持系统这一新学科的形成。最初的 DSS 系统主要由模型库、数据库和人机交互系统组成，即所谓的初级决策支持系统或两库系统。20 世纪 80 年代初，DSS 融入了知识库和方法库，发展为包含三库或四库的系统，而到了 20 世纪 80 年代末，专家系统（ES）与 DSS 的结合，形成了智能决策支持系统（IDSS），进一步提升了处理非结构化决策问题能力。近年来，

DSS 与计算机网络技术的结合，发展出了群体决策支持系统（GDSS），通过便捷的网络通信技术，为多地决策者提供了一个优良的信息交流、咨询和综合决策环境。

基于群体决策支持系统（GDSS），为了让更广泛的团体，包括个人和组织，能够参与到复杂的决策过程中，研究人员将分布式数据库、模型库以及知识库等决策资源进行有效整合，发展出了分布式决策支持系统（DDSS）。决策支持系统（DSS）的发展与信息技术、管理科学、人工智能，以及运筹学的进步有着紧密联系。虽然 DSS 概念在 20 世纪 80 年代末才传入我国，但有关辅助决策的研究却早已开始。虽然国内对 DSS 的研究已经取得了一定成果，但其发展速度整体而言相对缓慢，实际应用与期望之间仍有较大差距，主要问题包括软件开发周期长、生产效率低、质量难以保证，以及开发与应用之间缺乏紧密的衔接等。

（二）决策支持系统的功能和定义

决策支持系统（DSS）是一种结合了信息技术的基础、决策科学的理论与方法，以及人机交互模式，旨在协助决策者处理那些既非完全结构化也非完全非结构化的问题的系统。决策过程包括识别问题、生成解决方案、评估各种方案的风险和效益，以及选择并执行最佳方案。在现实生活中，许多决策问题都属于半结构化或非结构化，其解决方案往往依赖决策者的个人经验和判断。这些决策会受到决策者个人偏好的影响。DSS 旨在通过利用计算机技术和科学方法，结合人的分析判断能力，为决策者提供对这类问题的有效分析，从而得出最合适、最客观的解决方案。决策支持系统具备以下功能：

（1）管理和及时提供决策相关的内部组织信息，如订单要求、库存状态和财务报告等，帮助决策者更好地理解内部资源和约束条件。

（2）搜集、管理并提供决策相关的外部信息，包括政策法规、市场动态和科技发展等，帮助决策者把握外部环境变化。

（3）收集、管理并提供决策执行过程中的反馈信息，如订单执行情况、生产计划完成度等，使决策者能够及时了解实施效果，进行调整。

（4）存储和管理与决策相关的各种数学模型，如定价模型、库存控制模型等，支持决策者通过模型分析得出科学的决策方案。

（5）存储和提供常用的数学方法与算法，如线性规划和最短路径算法等，支持复杂的决策分析。

（6）提供数据、模型和方法的灵活修改与扩展功能，如连接或修正模型、调整多种方法等，以适应决策过程的变化需求。

（7）利用模型和方法对数据进行处理和分析，产生综合信息和预测结果，辅助决策制定。

（8）提供易用的人机交互界面、图形输出等功能，支持多样化的数据查询和结果展示需求，使得决策过程更直观、用户体验更佳。

（9）为确保及时采集到需要的数据和向用户传输加工结果提供了很好的数据通信功能。

（10）有用户可以承受的加工速度和响应时间而不会对用户情绪产生影响。

第三节　供应链信息系统的实现方案

一、企业自建信息系统

企业建立自身的信息系统通常采取以下两种主要方式：

（一）选购成品软件的方案

选购成品软件方案，是企业向市场上的软件供应商购买已经开发完成且成熟的软件，以满足其信息共享的需求。但是因为软件并非量身定做，绝大多数公司都会针对不同业务、在不同时间采用不同软件。由此，企业需要在相当长的时间内维护数量众多、种类繁多的应用软件和支持平台。与此同时，各类软件所采用的数据库代码及结构差异较大，使不同数据库信息的维护、集成十分困难，也为需求信息的共享增加了难度。所以，企业必须花费很多时间与精力去解决这个问题，以便对多种数据类型进行变换与统一。

（二）企业自制方案

企业自制方案是企业基于自己的具体业务需求，通过外部软件开发公司或内部部门定制信息系统。其优点在于：针对性强，更符合本企业业务现状且便于一定时期内应用。但是它的弊端也很明显：其一，自制方案绝大多时候都只考虑企业目前的经营现状，却忽视或者很少考虑到企业今后的发展规划以及经营方向。在供应链环境下，各企业之间存在动态的合作关系，这种关系可能因企业战略目标的改变而解散或重新组成。因此，定制化的信息系统主要考虑当前供应链环境下与其他企业信息系统的兼容性。然而，供应链的变动可能会导致企业的信息系统无法与新供应链中其他企业的信息系统兼容，从而使企业面临信息系统与业务需求发展不匹配的矛盾。其二，自制方案所需研制、维护成本较高，耗费大量时间。

二、企业外包租用信息系统

在当下竞争激烈且信息技术迅速发展的市场环境中，企业开发一套自有信息系统既要耗费庞大的人力、物力和财力，又需要较长的开发周期。同时，采用外包租赁的方式构建信息系统相较于自建系统具有明显的优势，有助于有效地利用现有资源，降低系统建设的风险，以及节约IT资金。目前，许多大中型企业已经开始采用外包的方式来构建自己的信息管理系统，并取得了显著的成效。外包租用模式因其部署迅速、总体投资成本较低、免除了企业自身维护和管理的责任等特点，已逐渐成为企业主流选择。随着这种模式的不断成熟与发展，企业开始意识到，相比于直接拥有软件产品，它们更需要的是高质量的应用服务。外包服务能够满足企业的实际运营需求，更加灵活地适应市场和技术的变化。在此情况下，全新的信息系统外包模式之一应用服务提供商（ASP）应运而生。ASP由于其独特之处，可作为供应链中各个节点企业进行信息共享的一种实现方式。

（一）ASP的基础知识

应用服务提供商（ASP）通过互联网或虚拟专用网络，以租赁或销售的形式，向需要使用特定应用系统的企业提供软件的使用权，并从中获得收益。这些服务提供商可能自主开发应用系统，也可能从其他软件开发商那里购买应用程序。选择ASP服务的企业可以免去应用系统建设和维护的烦琐任务，而用户只需通过简易的个人电脑、浏览器软件以及极少量的客户端软件，就能够远程访问位于集中服务器上的应用系统，从而实现其功能的本地化运用。

与传统信息技术外包服务相比，ASP模式可以为企业提供广泛且复杂的应用服务。这些应用软件系统不必依赖复杂的硬件设施，而是基于开放的平台架构，并利用互联网作为主要的连接方式，适用于那些行业标准较为成熟且规范化的硬件和软件环境。相比于互联网服务提供商（LSP）与互联网内容提供商（ICP），ASP业务涉及面更广，能够覆盖企业各个方面。服务费用在计算上亦颇为灵活，可根据所用应用软件支付费用，亦可根据所用连接数、数据流量或者数据存储量支付费用等。正因为ASP拥有上述高效率、低成本的优势，虽然ASP一开始就是针对中小企业资金普遍困难与迫切希望实现信息化管理之间的矛盾提出来的，然而现在它的服务范围已拓展至世界500强企业。ASP在国外的成功运用和在我国中小企业中的广阔市场强烈刺激着ASP在国内的蓬勃发展。ASP这一新兴商业模式正日益得到企业认可。

ASP模式为供应链中的企业提供了一个创新的信息系统外包解决方案。通过这一模式，供应链内的各企业能够利用ASP提供的公共数据共享平台，实现供应链各环节之间的信息快速双向流动，有效减缓牛鞭效应的影响。ASP作为信息共享平台能够促进供应链中零售商、经销商和生产商之间的信息共享，可通过提供丰富的应用服务和基础设施支持，大大减轻企业在信息技术方面的投资和维护压力。企业无须投入大量资金购买昂贵的服务器、数据库服务器以及相关配套设备，用于支撑信息系统的应用服务器和数据库服务器及相关设备，而仅基于个人电脑和移动电话等简易客户端设备就可通过局域网或者互联网和ASP实现数据交互式操作。

（二）ASP外包模式的风险

ASP模式虽然可以为企业带来便利和成本优势，但也存在一定的风险。

1. 安全风险

在采用ASP模式时，企业不可避免地将部分敏感数据，如销售信息和其他重要资料，存储在ASP提供商的数据库服务器上。这就要求ASP提供商必须具备很高的安全保障能力和职业道德标准，任何在这方面的缺失都可能导致企业的重要信息泄露，给企业带来不可估量的损失和风险。因此，在选择ASP提供商时，企业必须谨慎考虑其安全性能和信誉度，以保证企业信息的安全。

2. 成本风险

根据威廉姆森的交易费用理论，当信息的完整性和确定性存在问题时，对供应商行为进行准确监督和评估变得非常困难，会导致企业面临机会主义行为的风险。特别是在企业对特定供应商有依赖，即从一个系统转向另一个系统的转换成本非常高的情况下，企业会陷入"锁定"状态。因此，为了享受信息系统外包带来的好处，企业必须承担相应的费用。ASP外包的成本不仅包括交易过程中的直接成本，还包括合约风险和组织协调的隐性成本。如果企业在外包决策过程中犯错或缺乏风险防范意识，就会导致ASP使用成本过高，这与节约成本和共享信息技术的初衷背道而驰。

3. 潜在风险

由于ASP外包合约的短期性或松散性，企业难以与外包伙伴建立真正的战略联盟，导致外包关系管理不当、服务水平下降、企业与提供商之间的文化和目标不匹配，以及员工士气和信心下降等问题。

（三）ASP外包模式价值研究

ASP模式在信息系统外包领域属于一项战略性的商业创新，对企业管理有着重大意义。

1. 关于业务流程

ASP提供的服务使企业的IT部门能够脱离对日常信息系统的维护和管理工作，从而将更多资源投入核心业务的发展上。这种专注于核心竞争力的策略有助于提升工作效率，为企业创造更大的价值，是信息系统外包领域中的重要目的之一。

2. 费用

从费用成本上看，通过租用ASP所提供的应用系统，企业能够在不需要投资巨额硬件设备和人力资源搭建企业信息架构的情况下，有效控制成本并避免技术更新带来的风险。此模式适合那些缺乏足够资金和专业技术人员投入信息系统建设的公司。ASP外包提供的服务具有计费方式灵活的优势，包括根据应用软件使用情况、连接数量、数据流量或存储量，以及月租方式等不同的计费标准，为各类企业提供定制化的服务。因此，ASP外包模式不仅能够为企业在信息系统建设上节约成本，还能使企业将更多资源投入核心业务和其他关键领域，从而提高企业的整体竞争力。

3. 技术

采用 ASP 模式，企业可以把构建和维护信息系统的任务委托给适合的专业服务商。该模式能够为企业带来先进的信息技术支持与应用系统服务，构建一个高效的信息共享平台，有效解决供应链伙伴变更导致的信息系统兼容问题，从而提升整个供应链环节的策略灵活性。同时，面对不断涌现的新技术，企业可能会因为成本考虑和技术学习曲线等因素而不能立即采用。ASP 模式则可以帮助企业克服这些挑战，使企业能够及时利用最新技术而无须承担高昂的初始投资和技术更新风险，进一步增强企业在激烈的市场竞争中的应变能力和竞争优势。因此，ASP 外包成为一种快速有效的方法来弥补这些不足。本文从 ASP 外包在中小企业信息化发展过程中所起的重要作用入手，分析了我国中小企业实施 ASP 外包存在的问题以及对策建议。ASP 模式使企业能够利用外包商保持与最新技术同步的优势，接触并应用新技术，以较低的成本、更短的时间和较小的风险推动企业的信息技术发展，实现技术服务的改进。

第四节 供应链信息管理系统开发

按照供应链管理领域普遍认可的"SCOR 模型"，一个完整的供应链管理体系应该由计划、采购、制造、配送、退货等 5 个过程组成。本文从实际应用出发，设计了一个基于 Web GIS 的供应链管理信息系统。该系统是在分析供应链管理系统研究现状以及目前存在问题的基础上提出来的，核心模块为库存控制模块。该系统数据库使用 SQL Server 2000，并可在 EXCEL 服务器客户端或 WEB 上获取。

一、系统功能

供应链管理规模大、结构复杂、涉及企业经营的各个方面，但该系统对供应链管理进行了部分简化,主要是把整个供应链看作一个有机整体来处理,使各节点公司之间能够协同工作,从而实现信息共享和优化配置。本系统对提高供应链管理效率具有重要意义。该系统共分计划管理、采购管理、库存管理、生产管理、配送管理和退货管理 6 大部分,见下图 6-2。

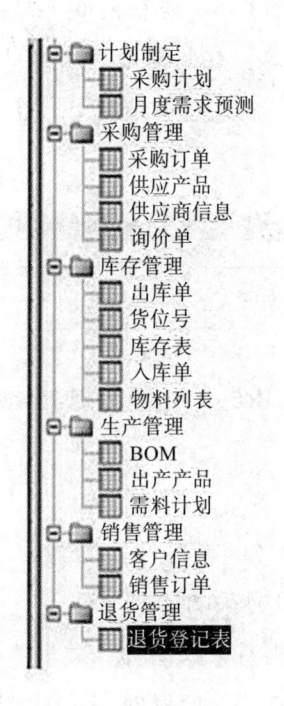

```
计划制定
    采购计划
    月度需求预测
采购管理
    采购订单
    供应产品
    供应商信息
    询价单
库存管理
    出库单
    货位号
    库存表
    入库单
    物料列表
生产管理
    BOM
    出产产品
    需料计划
销售管理
    客户信息
    销售订单
退货管理
    退货登记表
```

图 6-2 系统功能界面

(1) 计划管理部分由市场需求预测、采购计划等组成。

(2) 采购管理部分由供应商信息、供应产品、采购订单、询价单等组成。

(3) 库存管理部分由货位表、物料列表、库存表、入库表、出库表组成。

(4) 生产管理部分由 BOM,需料计划、出产产品等组成。

(5) 配送管理部分由客户信息、销售订单管理等组成。

(6) 退货管理部分由退货登记表组成。

二、操作说明

（一）市场需求预测

系统可使用户逐月进行市场需求预测，并可每月填写市场需求预测表。市场需求预测表（图6-3）是在前6个月实际销售情况基础上对预测月销售情况进行的估算。在此基础上，再计算出每月的产量和费用。这样就可得出生产数量了。在这种情况下，企业只需将产品生产出来即可，不必考虑库存问题。

产品编号	产品名称	产品型号	预计需求数量	预定生产数量
XX-XX	XXXXX	XX-XXX-XXX		

图6-3 市场需求预测界面

（二）采购计划

采购计划涉及BOM和"确定生产数量"，并对应市场需求预测表。系统使用户能够按月建立月采购计划。

采购计划用来计划当月采购品种、数量、日期等。在进行采购计划时，首要考虑到市场价格，然后根据企业的实际情况来制订合理的采购计划。确定需求：确定需求是一个复杂的过程，需要综合运用多种方法。供应商选择并不是由月度采购计划来决定，而应该通过比较购买时询价结果来进行。

（三）供应商信息表

供应商信息表是对供应商企业基本信息进行储存与维护的表格，主要包括企业编号、名称、地址、邮编、联系人、电话等信息。

通过该信息表可以方便地查询到所有供应商的基本情况以及与之相

关的业务活动等重要数据。本书主要介绍如何在 ERP 系统中确定供应商信息表、设计思路及功能要求。供应商信息表见下图 6-4。

企业编号	
企业名称	
地址	
邮编	
联系人	
电话	

图 6-4 供应商信息界面

（四）供应产品表

供应产品表是用来储存和保持各供应商可提供的物料编号、名称和到货天数的表格，见下图 6-5。

企业编号			企业名称		
产品列表					
产品编号	产品名称	产品型号	备注		一般到货天数
XX-001	XXXXX	XX-XXX-XXX			
XX-002					
XX-003					

图 6-5 供应产品信息界面

（五）询价单

在本系统中，采购过程始于询价，具体流程如下图 6-6 所示。用户可以填报询价单，然后由供应商填写报价，如果用户认可该报价则进行下单采购。

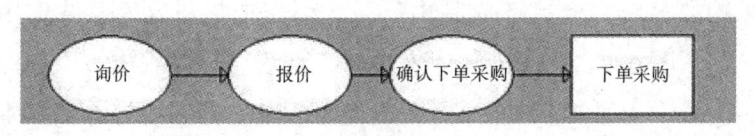

询价 → 报价 → 确认下单采购 → 下单采购

图 6-6 询价流程

询价单如下图 6-7 所示，其中询价明细的部分经过三个任务来完成。

FROM	xx公司						
TO							

产品编号	产品名称	产品型号	单位	单价（元）	报价有效期	付款方式	备注
XX-001	XXXXX	XX-XXX-XXX					
XX-002							
XX-003							

图 6-7　询价信息界面

（六）采购订单

在用户接受报价并确认进行下单采购后，系统生成相应的采购订单，如下图 6-8 所示。

采购订单编号	
询价单编号	
采购单位名称	
联系人	
电话	
地址	
邮箱	

产品编号	产品名称	产品型号	单位	采购数量	单价	总价	有效日期
XX-001	XXXXX	XX-XXX-XXX					
XX-002							
XX-003							

图 6-8　采购信息界面

（七）入库单

采购原材料到齐或产成品出厂时，都需把材料入库，并运用到入库单，见下图 6-9。当录入完入库单时，系统会自动生成一个新的库存值——负数库（即实际库存量），以便于后续查询和统计。填好本报表并保存起来，系统会自动对"库存表"进行数量更新。入库单保存后不得更改，使用者可重新填写负的入库单冲销错单。

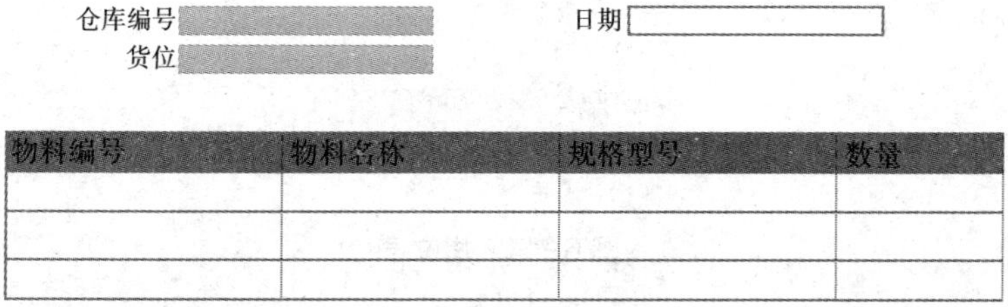

| 仓库编号 | | 日期 | |
| 货位 | | | |

物料编号	物料名称	规格型号	数量

图 6-9　入库信息界面

（八）库存表

库存表是指仓库内各货位储存物料的种类及数量清单。它既能直观地反映出库存商品在库房内的实际状态，又能够为管理者提供有关数据。因此，正确使用库存表中各项指标，对提高管理水平有很大意义。库存表见下图 6-10。

仓库号
货位号
物料编号
版本号
物料名称
规格型号
数量

图 6-10　库存信息界面

（九）出库单

出库单与入库单类似，只是出库单中出库的物料必须是库存表中存在的物料。

（十）货位号表

货位号表是各仓库中规划好的可以使用的货位列表，由仓库编号和货位号组合构成,如图 6-11 所示。在涉及生产时,车间被视为一个特殊的仓库。

图 6-11 货位号

(十一)物料清单(BOM)

BOM 在企业生产和经营过程中是不可缺少的,用来界定每一个规范的产成品所需的原材料的种类和数量。

它可以帮助企业准确地进行物料需求计划和库存控制等工作,对提高产品生产率、降低成本有着重要作用。本文介绍一种基于 C/S 模式的通用 BOM 管理系统。在该系统中,BOM 被简化成一层的结构,即将各产成品用若干种原材料装配在一起,这些原材料作为基本的构成单元是不能再分割的。

(十二)物料列表

物料列表为单位所涉及全部材料(包括原材料、产成品等)的总结清单。BOM 所使用物料编号均预先确定物料列表。它反映了一个企业或产品生产过程中所需各种材料及其用量情况。通过对其进行管理,可以帮助人们更好地完成日常工作。材料列表见下图 6-12,共有材料编号、材料名称、规格型号、备注、型号、安全库存等 6 个字段,型号字段用来界定材料是否为材料或产成品。

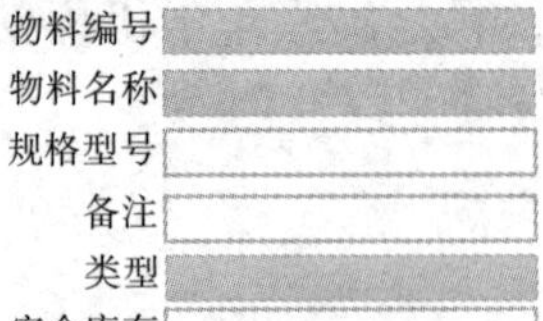

图 6-12 物料列表界面

第六章 供应链信息系统的设计

（十三）需料计划

需料计划指为确保当日生产计划的完成生产车间需消耗的原材料品种及数量，见下图6-13。在编制需料计划时，首要根据产品工艺要求及工厂现有设备情况确定各工序所需材料的品种、规格、质量等参数。然后，要将这些参数输入计算机进行计算。在需料计划已定的情况下，仓库管理人员根据需料计划向车间提供原材料。

日期 ☐

需料明细			
物料编号	物料名称	规格型号	数量

图6-13 需料计划界面

（十四）出产产品

车间生产完某个批次的产品后，须填写出产产品表，如下图6-14所示。产品出产后，车间将产品交接给仓库管理人员，由仓库管理人进行产品入库。

日期 ☐

产品明细				
产品编号	产品名称	规格型号	批次号	数量

图6-14 出厂产品界面

（十五）客户信息表

客户信息表用于存储和维护客户的基本信息，与供应商信息表类似，如图 6-15 所示。

```
企业编号 ▬▬▬▬
企业名称 ▬▬▬▬▬▬▬▬
   地址 ▭▭▭▭▭▭
   邮箱 ▭▭▭▭
  联系人 ▬▬▬▬▬▬▬▬
   电话 ▭▭▭▭
```

图 6-15　客户信息界面

（十六）销售订单

销售订单的状态控制到明细级别，即每个订单行有一个状态。系统将订单状态简化为"确认""取消""完成"三种。处于"完成"状态的订单视为成功销售了该产品。处于"确认"状态的订单，客户不能再进行修改。如果客户提前取消了某个订单记录，该订单相应设置为"取消"状态。

（十七）退货登记表

有退换货情况下，需确认顾客编号、订购时订单号、退换货原因、品名和数量，而用户可通过退换货登记表进行退换货管理，如下图 6-16 所示。

```
客户编号 ▬▬▬▬      订单编号 ▬▬▬▬
退货日期 ▭▭▭▭
退货原因 ▭▭▭▭▭▭▭▭
产品编号 ▭▭▭▭▭▭
   数量 ▬▬▬▬▬▬
   备注 ▭▭▭▭▭
```

图 6-16　退货登记界面

第七章 供应链库存管理信息化

传统库存管理的目的是降低库存水平,提高物流系统的效率,进而提高企业的竞争力。一般来说,库存不足或过剩都会对企业产生负面影响。库存不足会导致交货期不准、客户不满意,甚至客户流失、生产不可持续等一系列问题,而库存过剩则会占用资金、增加库存成本、丧失投资机会。因此,有效地管理和控制库存,在合理的库存成本范围内达到令人满意的客户服务水平是十分必要的。

第一节 供应链环境下库存管理的作用与分类

库存是一项庞大而高昂的投入,要付出很大代价。努力降低库存、降低成本、改善对顾客的服务,是库存管理面临的首要问题。要管理好库存,使企业在购、产、销等每个环节都能够自主完成经济活动。从供应链的管理模式来看,更为重要的是通过运用库存管理方法与技术对库存进行协调,并在企业之间建立起充分交流信息的合作关系,既有助于降低库存水平、减少库存融资与费用,又有助于增加顾客满意度与忠诚度。库存产品是否具有可销售性,是为顾客提供服务首要考虑的问题。库存成本在物流成本中所占比例最大。在目前经济活动中,由于实物存货难以转化,所以持有实物具有较大的风险。但是,对企业物流系统中的各个环节来说,只要进行采购原材料、生产加工产品或者包装、修理、运输以及产品分销等活动,就必须依靠库存。

一、库存物品的战略地位

（一）持有库存的原因

库存成本居高不下的原因是存放的货物涉及资金占用、转运、安全、老化、损耗、保险、封存、管理等费用与开支。但是，要想平衡供需双方的冲突，使企业经营得好，就必须把一定量的库存物品留存下来。

库存产品是供需矛盾的调节者。执行命令与交付延误之间的循环具有多种不确定性。面对想在必要时马上选购商品的顾客，商家应采取切实可行的办法。企业若准确了解顾客所需产品的类型，就能规划出自己所需产品的产量。但在实际工作中，顾客需求在时间与数量方面往往存在不确定性，这种不确定性使得企业不得不制造出待顾客采购的商品以保证商品或劳务的销售价格。另外，还需配套库存产品来完成生产过程的不同环节。

（二）库存物品对企业运作的影响

1. 确保产品可用性和客户满意度

库存的商品有助于处理供需间的变动与不确定性。当公司运营发生问题时，能够确保库存可用，从而提升服务水平及客户满意度。

2. 成本的降低

在生产过程中，尽管大规模生产会导致大量的中间产品和成品库存积累，但它也会通过降低每批生产的成本实现规模经济，从而减少总体的生产成本。同时，采购部门在大批量购买商品时可以获得价格优惠，大量采购带来的成本增加可以通过价格折扣所省的费用来平衡。

在物流运输方面，增加货物的运输量和降低运费可以有效减少运输成本，并实现运输的规模效益。然而，增加的运输量可能会导致起点和终点的库存水平升高。

如果通过规模化运输节省的运输成本足以抵消库存增加导致的持有

成本上升,那么大规模的运输活动是有经济价值的。

二、库存的分类

(一)从生产过程的角度分类

从生产过程的角度来看,库存可以分为三大类:原材料库存、再制品库存和成品库存。原材料库存指的是供应商提供的、尚未投入生产的物料和零件。再制品库存则指那些正在生产的、尚未完工的半成品。成品库存涉及已经完成生产、待销售给客户的商品。使用这一分类方法时,需要认识到一个企业的成品可能是另一企业的原材料。例如,零售商和批发商主要持有成品库存,而一些企业可能同时持有以上所有类型的库存。此外,还有一些材料不完全符合上述任何一类库存的定义,如用于支持生产过程但不直接成为最终产品一部分的机械零件和消耗品,以及石油、纸品和清洁剂等,这些物资虽然对生产至关重要,却不属于最终产品。

(二)根据存货的用途分类

1. 周转库存

周转库存指的是为了应对连续补货周期内的平均需求而保持的库存量。这种库存的水平主要受到生产批量大小、运输经济批量、存储能力限制、补货周期,以及供应商提供的数量折扣等因素的影响。例如,假设一个仓库的周销售量为2个单位,但为了减少运输和采购成本,它可能选择每月订购8个单位的货物,以此来覆盖一定时间段内的需求,并从供应商处获得批量购买折扣。管理周转库存的关键在于平衡订单的数量和频率,以及库存成本和采购成本之间的关系,以达到最优化。

2. 安全库存

安全库存是企业为了应对供应链中风险和需求的不确定性而额外保持的库存。例如,为了避免供应商交货延迟或原材料供应不稳定等意外情况影响生产,企业会设置一定量的原材料安全库存。同样,由于产品销售量可能波动，为了确保满足市场需求，企业也会维持一定的成品安全库存。此外，为了防范生产过程中可能出现的意外，企业同样需要保有一定量的半成品安全库存。

3. 中转库存

中转库存主要存在于物流和运输过程中，由于货物不能实时直达目的地，故在存储点或转运途中产生的库存即为中转库存。这类库存的大小直接受到物流系统设计的影响。与中转库存性质相近的是在制品库存，后者主要是为了调节生产过程中不同设备能力间的平衡而形成。

4. 季节性库存

某些商品由于受到季节变化的影响，会在特定时期内需求量急剧增加，如空调在夏季需求量增加。为了应对这种销售高峰期间的供需矛盾，必须在旺季到来之前提前生产并储备一定量的商品。这就需要企业在生产能力与季节变化需求之间找到最佳平衡点。通过投资设备和扩展生产线，可以有效降低季节变动造成的库存压力。

5. 投机性库存

投机性库存主要是基于对市场价格变动的预判而设立的。当预期商品价格上涨时，企业可能会提前大量采购或生产某些商品，以此来规避价格上涨带来的成本增加，也可能在价格上涨后通过出售这些商品获得利润。这种库存策略依赖对市场趋势的准确预测。

综上所述，各类不同库存类型的作用与优点都不相同，不同的企业需要针对自身实际情况进行产品存储。各类库存作用和优点对比如下表7-1。

表7-1 各类库存作用和优点对比表

库存类型	作用	优点
周转库存	在生产准备、采购、运输过程中实现单件订货无法实现的规模效应	获得采购折扣，减少准备次数，降低运货、物料搬运和管理成本

续 表

库存类型	作用	优点
安全库存	防范需求以外过高或过低和提前期过长或过短	减少销售机会和缺货、提升客户服务水平、降低客户反应成本
中转库存	在设施之间或之内搬运或暂存	移动仓储
季节性库存	平衡生产	减少加班和分包制造能力利用率更高
投机性库存	回避价格上涨的风险	降低原材料成本

第二节 供应链库存管理信息化的意义

一、传统供应链环境中库存管理的问题

(一) 缺乏供应链的整体观念

在供应链的每个环节中,持有适当的库存是至关重要的。无论是供应商、生产商、分销商还是零售商,各自为了降低操作风险与成本,均独立维护自身的库存。这种做法虽在单个环节上看似合理,但从全供应链的整体效率和成本效益来看,却存在明显不足。因为各节点仅注重自身优化,而不是整个供应链的最优化,影响了供应链的优化运行。

(二) 缺乏信息共享

在传统供应链管理中,缺乏信息共享是一个显著问题,这常导致操作效率低下和响应市场变动的能力减弱。由于供应链各环节之间信息不流通,各参与方往往基于有限或过时的数据做出决策,从而无法有效预测和响应市场需求的变化。这种信息壁垒导致的结果包括库存积压或缺货现象,增加了库存成本并降低了顾客满意度。例如,如果零售商无法

实时了解消费者需求的增减或供应商的库存状态，就可能导致过多或不足的订单，进而影响整个供应链的效率。此外，信息共享的缺失还妨碍了供应链各环节之间的协调与合作，限制了整体优化和创新的可能。

（三）库存控制策略过于简单

在许多供应链企业的库存管理中，常见的问题之一是采用过于简单的库存控制策略，即所谓的"一刀切"模式。这种方式忽视了库存品各自的性质特点和需求波动，无法有效应对供应与需求中的不确定性。例如，对于具有明显销售季节性的产品，如取暖器，理应在销售旺季前积累较多库存，而在销售淡季时减少库存量。然而，简单化的库存控制策略无助于灵活调整这些变化，导致在旺季可能出现供不应求的情况，而在淡季则可能出现库存积压。

（四）库存层次过多

在多层级的供应链结构中，产品在从原材料到成品的转换过程中会经历多个库存层级，如原材料库存、再制品库存和成品库存。每增加一个库存层级，都会相应增加管理复杂性和成本。多层级库存系统在管理上的复杂性往往导致信息流和物流的延迟，降低整个供应链的反应速度和灵活性。此外，层级过多的库存系统也容易引发库存冗余，尤其是在没有有效的需求预测和库存优化机制的情况下。

二、加强供应链库存管理信息化的意义

库存管理是针对企业存货的进、销、存的业务职能管理，成为供应链管理的核心环节。库存管理信息化是以重构传统库存管理业务为基础，通过计算机网络及计算机软件技术，实现业务标准化的计算机系统集成管理方法。库存管理信息化通常是企业管理信息化的一部分，也可以独立于企业其他信息化业务管理流程。

加强供应链库存管理信息化具有以下意义:

(一)提高工作效率,降低成本

在信息化之前,库存管理往往依赖大量的手工操作,从数据录入到库存核算,每一步都需要人工干预,这不仅耗费时间,还容易出现错误,增加了企业的管理成本和操作风险。

信息化库存管理系统的引入,使得这一切得以改变。系统可以自动跟踪库存变动,实时更新数据,自动完成订单处理和库存补货等一系列复杂任务。这种自动化不仅减少了人为错误,还大大提升了数据处理的速度和准确性。例如,通过条形码或 RFID 技术,系统可以快速准确地捕捉每一个产品的进出信息,并实时反映在库存数据上,管理人员可以随时获取最新的库存状态,对生产和销售活动进行快速响应。此外,信息化库存管理还显著降低了企业的人工成本。自动化的库存管理减少了对传统手工操作员的依赖,从而减少了企业对人力资源的需求。这不仅降低了直接的工资支出,还减少了相关的人力资源管理成本,如招聘、培训和员工福利等。随着系统自动执行烦琐的日常任务,员工可以被重新分配到更需要人工智能和创造性的工作中,这样不仅优化了人力资源的配置,还提高了员工的工作满意度和企业的整体生产力。

(二)实现信息共享

通过信息化库存管理,供应链中的各个环节,如供应商、生产商、分销商等,能够实时共享库存、销售、订单等关键信息。这种共享不仅提高了供应链的透明度,还使得各环节之间的协同更加紧密。供应商了解到生产商的库存水平和生产需求时,可以更准确地预测原材料的需求,从而避免过度采购或缺货的情况。同时,生产商能根据销售数据和分销商的反馈,及时调整生产计划,以满足市场需求。信息共享的实现,使得整个供应链的运行更加顺畅,协同效率大大提高。

(三)加强风险管理

通过对历史销售数据、市场趋势、供应商绩效等多维度信息的深入分析,信息化库存管理能够揭示出潜在的市场需求波动、供应商风险以及运输风险等问题。这种预测能力不仅帮助企业及时发现潜在风险,还为企业制定风险应对策略提供了有力依据。具体来说,信息化库存管理有助于分析历史销售数据,预测未来市场需求的变化趋势,从而为企业调整生产计划、优化库存水平提供参考。同时,通过监控供应商的绩效和交货记录,企业可以及时发现供应商可能存在的风险,如交货延迟、质量不稳定等,从而提前采取措施,降低潜在风险。此外,信息化库存管理还可以对运输过程进行实时监控,预测运输风险,如交通拥堵、天气变化等,从而确保货物能够按时、安全地送达目的地。

第三节 供应链库存管理信息化的实现

一、供应链库存信息化协作模型构建

本文提出了一个以 Web Service 为核心技术,整合企业体系商业运作和工作流程的供应链库存信息化协作模型,如图 7-1 所示。此架构有三个主要组件,由系统底层至应用层分别是分布式信息传递组件层、Web Service 组件层和协作商务组件层。

(一)分布式信息传递组件层

分布式信息传递组件层为模型的最底层,其作用是对 Web Service 组件层对象呼叫过程中的消息进行封装、解析、传递和例外状况处理。此层的组件利用 SOAP 对象访问协议的远程呼叫机制,利用 SOAP API 和 XML DOM 来校验文档,最后再通过 HTTP 协议传递信息到远程对象。

（二）Web Service 组件层

Web Service 组件层负责 Web Service 的注册、查询和发现，并通过 SOAP 在网络中传递消息。该层的组件基本上可区分为 Service Requester、Service Provider 和 Service Register。Service Requester 提出服务请求，Service Provider 提供服务，而 Service Register 专司管理注册信息服务。

（三）协作商务组件层

协作商务组件层涵盖协同商务的业务逻辑层（Business logic layer）、处理层（Transaction layer）和表现层（Presentation layer），定义供应链库存管理子系统与供应链的其他子系统（如供应链生产子系统、供应链采购子系统等）在进行协同商务时的消息传递机制和冲突协调等方面内容。供应链上的合作伙伴进行物料采购、生产或销售，从而实现供应链上采购、生产、库存和销售的无缝连接，促使供应链中各节点企业有机集成，最大限度提升供应链的整体效益。

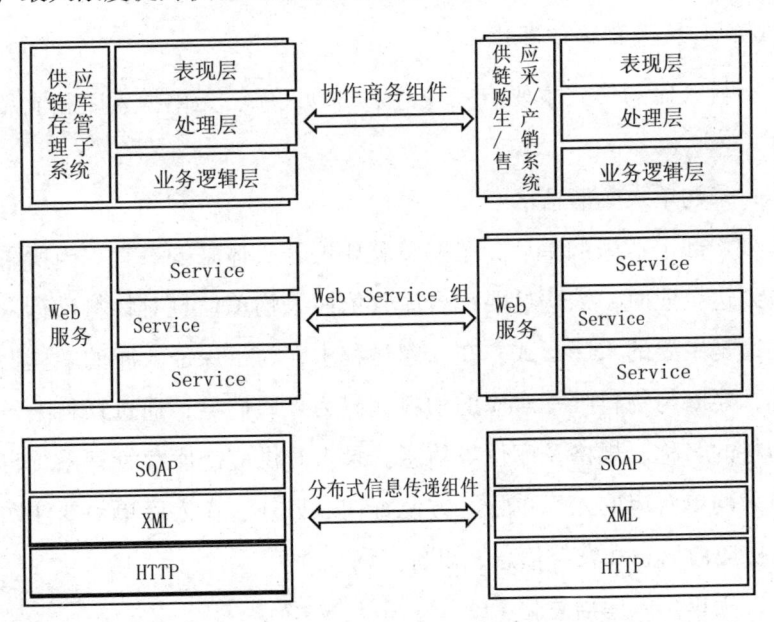

图 7-1　基于 Web Services 的供应链库存信息化模型

二、供应链库存管理信息化的具体实现

（一）库位管理信息化

1. 库位录入

库位管理旨在明确各种物料的位置。在供应链库存管理系统中首要依据企业实际情况，建立对应的库房及库位信息，在输入物料编码时要把每条物料对应的库房货架信息一并录入。录入之后，库管人员可按照物料编码或物料名称找到该物料对应位置，提高库存查询速度。

2. 移库操作

当仓库中物料位置发生变化时，要在供应链库存管理系统中进行相应操作，以记录这种变化。

由于企业库房比较有限，有部分成品直接堆放在车间，对于成品的移库要标明是移到具体库房还是在车间存放。

（二）入库管理信息化

物料入库的形式主要有三种：采购单入库、无单据入库和成品入库三种。

1. 采购单入库信息化

采购部下达采购单后，采购员就要展开具体采购事宜。当所采购的物料到达企业时，采购员要配合库管依照采购单信息对物料进行入库操作，这是主要的入库形式。在入库过程中，为了保证入库的敏捷性及正确性，要以与物料唯一对应的物料编码为入库向导，通过物料编码找到该物料的名称、规格及库位等信息。录入时供应链库存管理系统自动生成与采购单对应的入库单号，方便查询。另外，在入库单中要注明所入库的供应商信息和发票信息，以备查询。

2. 无单据入库信息化

在生产过程中，常会产生剩余物料。这些剩余物料需要被重新存储

回库房，这一过程通过无单据入库方式来完成。在无单据入库的情况下，供应链库存管理系统将自动生成一个入库单号，而入库记录中将详细标明物料的详细信息和存储位置。这种入库方式适用于处理额外的生产材料或未预计到的剩余物料，帮助维护库存的准确性和完整性。此方法不仅优化了物料管理流程，还确保了库存数据的准确无误，为库存控制和物料再利用提供了强有力的支持。

3. 成品入库信息化

当生产部的产品生产完毕后要进行成品入库。在成品入库的过程中，工作人员不仅要在供应链库存管理系统中记录每个成品的具体信息，还要详细登记与之相关的合同信息，如合同编号、产品名称以及客户信息等。此外，还需要记录下加工该成品所使用的各种物料的种类和数量。这些信息对于产品后续的使用、问题解决和维护至关重要。技术人员可以依据这些详细的配件和物料信息来了解产品的具体构造，从而在产品维护时提供必要的技术支持和服务。这一信息化流程大大提高了成品管理的效率和可追溯性，确保了产品质量和客户满意度。

(三)出库管理信息化

1. 加工领料出库信息化

在生产部门进行实际生产时，领料操作通常由生产人员与库房管理人员协同完成。这一过程中多采用分批次领料的方式，即根据加工的具体工序需求逐步领取所需物料。为确保领料的准确性与效率，供应链库存管理系统会使用物料编码作为关键导向，通过该编码查找并确认物料的详细信息，如规格、数量等。此外，系统还会记录每次领料的具体数量和领料人的信息，便于未来的物料使用分析和审计追踪。通过这样的信息化处理，可以显著提升生产效率，减少领料错误导致的生产延误。

2. 成品出库信息化

成品出库是根据与客户商定的具体收货时间和其他条件进行的。出库前，通过合同管理系统中的合同编号，查找到对应的产品编号，并据此确定产品的具体库位信息。在成品出库过程中，供应链库存管理系统会验证产品编号的正确性，确保每一件出库的成品都能在未来维护或检修时被迅速准确地识别和查找到。这一信息化流程不仅提高了成品的出库效率，还增强了产品信息的准确性和可追溯性，确保客户能够接收到预期的产品，同时方便企业的产品管理和客户服务。

（四）库存物料分析信息化

库存物料分析主要包括月度结存、库存盘点及库龄分析三个方面。月度结存和库存盘点的核心目的在于帮助库存管理人员快速掌握一定时间内物料的整体进出情况，并通过这些数据了解在该期间库存资金的占用情况。库龄分析则是用于识别仓库中存放时间较长的物料，及时对这些物料采取措施，以降低资金占用，优化库存效率。

1. 月度结存信息化

库存的高占用量常常是企业面临的一个主要挑战，因为企业普遍希望尽可能降低库存以释放更多流动资金。要准确了解企业的库存资金占用情况，就必须进行月度结存。月度结存一般是在每月月末进行。在结存过程中，先停止一切出入库操作，然后基于上月的结存数据和当月的具体出入库记录，计算出每种物料的实际库存数量，再结合这些物料的平均采购成本，企业便能确定月底时库存的资金占用额。

月度结存信息化的实现过程如下：

库管人员点击供应链库存管理系统中的"月度结存"按钮，系统根据预先设定的算法开始自动计算。这些算法即遍利库存中的每一种物料，根据其实际库存量进行计算。具体计算过程包括确认每种物料的库存数量，以及与之对应的实际单价。这需要系统实时接入或更新物料的价格信息和库存状态，确保计算结果的准确性。计算完成后，系统将基于这些数据计算出总的占用资金情况。这一步不仅涉及单个物料的成本计算，还需要累加所有物料的成本，得出整体的库存成本和资金占用情况。进一步，为了便于分析和对比，系统会利用直方图等图表工具展示每月的资金占用情况。通过这些图表，管理层可以直观地看到不同月份资金占用的变化，快速识别出资金占用较高的月份，并针对这些月份深入分析可能的原因。

2. 库存盘点信息化

利用供应链库存管理系统进行库存盘点可以大大提高盘点的效率与准确性，减少手动记录错误或遗漏导致的问题。在盘点过程中，一旦发现账面数据与实际库存不符，系统应能自动标记这些差异，并提示库管人员。此外，系统还提供了足够的工具来追踪和记录这些异常情况的详细信息，如时间、地点、操作人员等，便于后续分析和定位问题原因。

供应链库存管理系统还支持定期盘点和周期性盘点的设置，允许企业根据业务需要设定盘点频率。系统可以自动提醒库存盘点的时间，确保盘点工作不被忽视或延误。

3. 库龄分析信息化

供应链库存管理系统中的库龄分析功能允许库管人员快速查询任何物料的库龄信息。通过简单的查询界面，库管人员可以查看任一物料的具体库龄状态，如已存储的天数或月数。此外，供应链库存管理系统还提供了分类显示功能，有助于按照预设的库龄范围（如 0～30 天、31～60 天等）对物料进行分组显示。这样的分类不仅使得库存状态一目了然，还便于进行更细致的分析，如识别可能过期的物料或即将变为死库存的风险。通过对不同库龄段的产品进行分析，库管人员可以识别出哪些物料需要优先处理，如通过促销或其他方式加快周转。此外，库龄分析还能帮助企业预防过度采购和改进采购策略，因为通过分析数据，企业可以更好地理解市场需求与供应链的动态。

第四节 案例分析

本节以 A 公司为例，分析供应链环境下 A 公司库存管理信息化的完善策略。

一、A 公司介绍

（一）A 公司简介

A 公司是一家成立于 1996 年的现代民营企业，总部位于江苏南京市。公司主要负责为某知名电子通信品牌产品及其周边配件进行渠道建设和分销管理。经过二十多年的发展，A 公司已从最初的几家零散门店发展到现在门店遍布多个城市及乡镇，同时实现了线上线下一体化经营。业务范围从江苏、安徽、山东、浙江、上海五省市不断拓展到海外市场，如印度尼西亚和巴基斯坦等国。A 公司的下游零售客户也从最初的零售散户发展到城市知名连锁零售商和三大运营商。

在多年的经营过程中，A 公司本着诚信为本的经营理念，吸引了众多合作商。公司不断改善经营管理模式，以更好地服务客户和市场。从最初注重销售业绩的战略转变为现在重视质量与服务，A 公司致力业务的深度发展和服务的全面提升。公司的未来五年战略目标是打造专业的服务能力、优化中小门店管理、建立以存量用户为核心的零售管理体系，并实现数字化转型。

（二）A 公司供应链库存管理现状

1. 库存周转速度慢

一般而言，库存周转速度因行业而异，没有统一的标准值。在相同行业中，可以通过比较相似产品的库存周转速度评估效率。通常，较高的库存周转速度表明生产和销售速度较为合理，有助于减少资金的占用，并提升资金使用效率。在手机行业中，平均的库存周转速度大约是30～40天。这包括手机从制造完成到经过制造商、一级分销公司、地方二级分销公司以及零售商等多个环节，最终被消费者购买的整个过程。

A公司供应链的库存周转过程为从上游制造商工厂发货到下游零售门店完成销售的过程，供应链整体的库存周转天数主要由各级仓库周转天数和运输天数组成。

（1）各级仓库周转天数。从上游制造商到A公司分销中心的商品运输及存储大约需要2～3天。二级分销商的仓库周转天数为3～5天，而位于终端的零售门店的库存周转天数最长为30～35天。供应链整体仓库周转天数为35～43天。

（2）运输天数。从工厂至A公司分销中心的运输需要2～3天，从A公司到地方二级分销商需1～2天，而从二级分销商到零售门店则需要大约1天。因此，整个运输过程累计需要4～6天。

因此，供应链总的库存周转天数是运输天数加上各级仓库周转天数，等于39～49天，明显高于行业平均水平。

2.库存信息传递不及时

（1）在A公司的供应链中，信息传递仍采用层级闭环的方式进行（图7-2）。在这种信息流通机制中，零售商先从消费者那里获得第一手资料。收集并分析这些信息后，零售商需要1～2天的时间来向分销商反馈。接着，分销商将来自不同地区的数据汇总并进行二次分析，再将结果传递给制造商，此过程通常需要3～4天。由于供应链中的每一家企业都根据自身需求独立收集和分析数据，信息经过多次分析和传递，不仅延长了信息传递的时间，还增加了信息失真的风险。这种方式使得供应链中的信息流动无法达到协调、顺畅、准确、经济和高效的标准。

```
┌─────────────────────────────────────────────────────────────┐
│  ┌──────┐    ┌──────┐    ┌──────┐    ┌──────┐    ┌──────┐  │
│  │供应商│    │制造商│    │分销商│    │零售商│    │ 用户 │  │
│  └──────┘    └──────┘    └──────┘    └──────┘    └──────┘  │
└─────────────────────────────────────────────────────────────┘
```

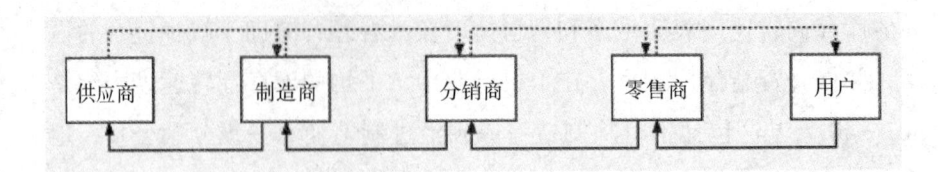

图 7-2　A 公司供应链信息传递形式

（2）供应链各环节成员对信息的需求各不相同。下游的零售商主要集中于收集和反馈销售数据，而这些信息往往无法满足上游环节对其他类型信息的需求。具体来说，零售商主要关注门店的客单价、销售量和利润；分销商则关注每个区域的总销售量、销售趋势、地区间的销售比较，以及竞争对手的表现；制造商则更为关注产品的长期市场表现，包括销售量的变化、市场占有率、消费者忠诚度和产品的认可度，以及售后服务的质量。

（3）许多零售商在信息收集和分析方面仍依赖手工操作，缺乏有效的信息系统支持，这导致数据处理效率低下。信息传递的延迟不仅影响了库存量的准确性，还为上游的生产计划执行带来了困难。

（4）内部信息壁垒和繁复的流程也对供应链效率构成影响。例如，当下游分销商下订单后，仓库需通知财务部门进行资金核查，这一审核过程通常需要 1~2 天，若遇到周末或银行系统问题，则可能需要 3~4 天。这种延迟引发了下游分销商和零售商的不满，增加了订货的提前期。

二、A 公司供应链库存管理信息化

（一）总体目标

以业务流为核心，以 A 公司为主导，统筹上下游资源，将信息技术与供应链库存管理理论相结合，利用信息技术，实现上下游联通、库存高效控制和供应链库存管理集中化的供应链库存管理策略，有助于顺利解决供应链节点商品流通过程中的库存周转效率低、信息不畅等问题，

第七章 供应链库存管理信息化

显著提升供应链整体库存效率，同时促进供应链库存管理的数字化转型升级。

(二) 原则

在进行供应链库存管理信息化转型时，应遵循以下原则：

1. 经济性原则

在供应链库存管理信息化转型过程中，经济性原则是一个核心考量，它强调在投资信息化技术和系统时必须考虑成本与收益的关系，确保所投入的资源能带来相应的经济回报。

经济性原则要求企业在采纳新技术或升级现有系统之前，进行全面的成本效益分析。这包括直接成本，如购买软件、硬件的费用，以及间接成本，如员工培训、系统维护和可能的运营中断等。此外，还需要评估长期的收益，如通过提高库存周转速度、减少过剩库存和提升订单履行效率所能实现的成本节约和收入增加。此外，经济性原则强调实施信息化项目的可持续性。这意味着所采用的技术解决方案不但在当前是经济有效的，而且在可预见的未来随着企业的发展和市场的变化，仍能持续提供价值。这要求选择那些具有良好市场声誉技术供应商。

2. 适配性原则

首先，应从分销供应链的实际出发，采用针对性的库存管理策略。其次，不同的企业的管理水平和能力不同，管理模式应该与各节点企业的管理能力相配适，大多数零售企业管理能力弱，无法像制造企业一样支撑起复杂的管理模式和信息系统运作。最后，不同企业的业务诉求不同，零售企业关注订货的高效性，分销企业关注地区销量的变化，制造企业关注整个行业市场变化。

3. 逐步迭代原则

供应链各成员间的信息化程度不一样，供应链整体的信息化策略包括以下几点。首先，需要完善各局部的信息体系。例如，现有的下游零售商缺乏订货系统，分销商缺乏对下游库存的监测和控制系统等，实现整体信息化之前需要完善相应的信息系统。其次，A企业内部的壁垒也会影响下游订货提前期，需要打破企业职能部门的信息壁垒和管理壁垒，优化订货审批流程。最后，根据A公司搭建信息化库存管理平台，供应链上下游企业将各自信息端口接入，实现供应链上的即时信息共享和信息化库存管理。

（三）搭建信息化平台实现库存管理过程

1. 完善供应链企业库存管理系统

在供应链中，不同节点企业的信息化能力和库存管理系统的完善程度各不相同。制造商在信息化方面较为先进，不仅拥有内部的库存管理系统，还开发了一个专门的订货系统用以管理下级分销商的订单，允许全国的一级分销商直接通过该系统进行补货操作。相比之下，A公司的库存管理系统主要集中于处理企业内部的需求，并未扩展到为二级分销商提供订货系统。因此，下游的订货模式较为传统，通常是零售商通过电话向二级分销业务员下订单，然后由这些业务员向公司的商务部报告，由商务部进行汇总后再联系A公司的商务文员进行订货，这一过程的效率相对较低。此外，由于零售商普遍缺乏管理能力和技术支持，他们的信息化水平较低，没有实现自动化的库存管理，通常依赖手工统计或使用基本的办公软件来跟踪库存信息。这种情况进一步加剧了整个供应链中信息流动的低效率和库存管理的不精确。

开发V客户系统是完善供应链库存管理信息系统的关键举措。V客户系统不仅充当零售商的订货平台，还具备实时监控下游零售门店的销量和库存、管理库存上下限、处理售后服务以及追踪物流的多功能。为了适应大多数零售商的信息化技术水平并提高使用方便性，V客户系统被设计为小程序模式，便于零售商的安装和操作。此外，其界面设计借鉴了常见的网络购物平台，简洁且易于导航。

V客户系统可分为A公司的管理界面和零售商的使用界面。

在A公司的管理界面中,主要功能包括设置零售商的库存上下限、进行用户管理,以及控制分货流程。当零售商通过小程序下订单后,订单信息会直接反馈到管理界面,仓储部门可以在当天直接发货,无须经过公司内部多个职能部门的审批和等待,大大提升了订货的效率。此外,系统中的库存上下限设置功能允许对下级零售门店的库存种类和数量进行精细管理。在管理库存种类时,系统通过算法为不同级别的零售用户定制订货界面,根据零售门店的规模和销售状况调整商品的显示。例如,超大门店和大门店可以在系统中查看所有类型的手机,而较小的门店则主要显示畅销机型和新品。这样的设计旨在优化库存配置,并满足不同规模零售商的需求。

在零售商的使用界面中,通过V客户系统,零售商能够实时查看自己当前的库存状况、当月销售数据、信用额度以及财务信息,与销售数据的同步可能会有大约15分钟的延迟。在信用额度允许的范围内,零售商可以直接在系统中下订单;如果订单金额超出信用额度,则需要先向其账户存入相应货款才能完成订单。订单一旦成功,A公司的仓库将在24小时内处理发货,并向零售商发送发货通知及实时物流更新。库存上下限页面会展示每款手机型号的当前库存量、库存上限量,以及可订购数量。这里的可订购数量通过系统算法计算得出,即库存上限数减去现有库存数,因此零售商无须自行进行复杂计算,只需根据显示的可订数进行订货。零售商在下订单前需将货款提前转入指定账户,这避免了多次转账,并允许随时查看财务数据及账单流水,便于快速查询和对账。选购界面将不同系列的手机进行分类,便于零售商挑选,同时界面中还包括由上游制造商根据全国销量数据、消费者偏好及市场销售情况分析得出的爆款预测和推荐。这为零售商提供了基于大数据的市场反馈信息,帮助他们做出更为明智的采购决策。

2. 联通各库存系统与企业职能部门

在 A 公司内部，虽然各职能部门配备了各自的信息系统，但这些系统间缺乏兼容性，导致部门之间数据孤立，跨部门事务处理效率低下，经常依赖人工介入。举例来说，在零售商的订货流程中，零售商需先向销售部门提交订单，销售部门随后向仓储部门发出申请并等待审批，同时还必须等待财务部门提供货款清算单，才能最终指示仓储部门进行发货。

为了解决这些问题，A 公司引入了优信通平台作为基础数据平台，允许各职能部门将其系统接口连接至该平台，实现数据的互联和共享。这样，跨部门的业务流程可以直接在优信通平台上完成，包括各部门的审批过程，从而显著提高事务处理的速度和效率。

（1）库存管理系统与财务系统互通。上游采购和下游订货都涉及财务部门的参与，但是财务部门有着自己的管理系统，与库存管理系统并不兼容，流程的审批经常需要人工干预，时效慢。财务系统与库存管理系统通过平台联通后，当库存不足且需要下订单时，库存部门通过平台生成订货单，并同时发送给制造商和财务部门。为确保财务部门及时处理，平台设置了 2 小时的处理时限，并配备提醒功能，促使财务部门快速响应。

对于下游的订货过程，财务系统会为每个零售商设立独立的系统账号，类似于银行储蓄账户，这些账户用于支付订货时的货款。只有当账户中的余额充足时，补货订单才能成功生成。零售商可以通过 V 客户系统界面实时查看自己的账户详情，包括存款余额和订货账单。每当零售商账户发生货款变动（汇款或订货）时，财务系统会自动更新数据，并通过与优信通平台每 15 分钟一次的数据交换，实时刷新 V 系统中的账户余额和交易明细。

通过实现财务系统与库存管理系统的互通，系统自动向财务部门提交订单审批并监控审批进度，显著缩短了订货周期。此外，过去的订货流程需要在发货前验证零售商的汇款,通常需等待 1~2 天,这一过程经常引起零售商的不满。现在,通过账户预存的方式,系统可以自动进行资金验证,一旦验证通过即可生成订单,并指示仓库及时发货,提高了效率和零售商的满意度。

(2)库存管理系统与人力资源管理系统互通。为了确保销量并深入了解市场动态,二级分销企业通常会为中到大型门店配备专门的导购人员,负责专职销售本品牌的手机。这些导购人员由人力资源部门统一管理。导购的薪酬结构由基本工资和基于销售业绩的提成组成,后者直接与门店的销售量相关。门店销售量的数据来源于库存管理系统 V 客户系统。在 V 客户系统与优信通平台的交互过程中,门店的实时销售数据被回传至优信通系统。人力资源部门利用 V 客户系统提供的门店库存变化数据以及导购上报的销量和销售明细进行核查。这样,人力资源部门可以准确计算并确定导购的销售业绩和相应的销售提成。通过这种库存管理系统与人力资源管理系统的互通,不仅提高了薪酬管理的效率,还提高了数据处理的准确性。

(3)库存系统与销售系统互通。库存系统与销售系统关系密切,销售中的需求预测和下游销售变化量决定了库存变化。销售部门对库存的掌握有助于市场营销计划的制订。在互通之前,需求预测通常由销售部门独立完成,这可能导致信息不全面及响应滞后。通过将销售系统和库存系统接入优信通平台,销售部门和库存部门可以协同进行需求预测,从而更准确地反映市场需求和调整库存策略。库存部门可以实时共享不同类型手机的库存状况给销售部门,使销售部门在面对库存积压的情况下,可以通过促销等市场活动有效减少过剩库存。同时,当预见可能有缺货风险时,销售部门可以及时调整策略,如准备替代机型以满足市场需求。

3. 实现上下游企业数据联通

A 公司上游制造商已经拥有一个能够管理下级区域分销商库存的系

统,只需将其共享数据端口连接到优信通系统,就可实现无须额外登录的自动系统跳转。此外,制造商还会通过云端进行授权管理,从而在平台上对数据进行操作。A公司下游零售商主要通过门户平台进行接入,具体包括订货系统、零售商客户关系管理系统和二级分销商内部系统等。零售商通过订货系统门户登录,该系统接入优信通后,数据会从优信通传递到订货系统。零售商使用手机终端app和POS机扫描每款手机背后的串码,这样可以实时更新销售数据和门店库存,同时这些数据被上传到优信通的数据采集器,并通过接口传输到优信通云端服务器,由云服务器更新相应数据。A公司内部各职能部门的信息管理系统连接到优信通后台后,使得包括上游订货、下游分货和换货在内的业务流程中的相关职能部门能够直接在平台上进行信息和数据的交互,有效打破了部门间的系统隔阂。这种集成提高了整个供应链的信息流通和处理效率。

第八章 冷链物流数字化转型

第一节 构建冷链物流大数据的需求分析

一、冷链物流大数据构建背景

（一）我国冷链物流市场的基本情况

近年来，我国电子商务领域发展迅猛，尤其是生鲜电商增长速度显著提高，对市场整体发展产生了深刻影响。伴随着天猫生鲜、顺丰优选、京东物流等企业的先进冷链和仓储供应链系统的不断完善，消费者对于依托互联网购买生鲜食品的接受度逐渐提高，这也使得生鲜电商在市场的渗透率持续上升。从冷链物流整体占比来看，生鲜食品与农产品占据主导地位，而医药和化工产品则对此类物流服务的依赖程度较小。

目前我国冷链物流行业面临诸多挑战，尤其是在信息化技术应用方面存在明显短板，超过90%的冷链物流运输未能配备先进的信息化设备，如定位和温度监控系统，导致运输过程中的实时数据采集与监控能力不足。与此同时，仓储管理、运输管理、订单管理等关键环节的信息化系统尚未在行业内广泛普及，某种程度上限制了冷链物流企业在整个供应链中实施有效监控和管理的能力，增加了物流过程中出现断链风险的可能性。而其中最为突出的问题是冷链物流的"最后一公里"环节，由于技术和装备的限制，目前大多数企业依赖传统的物流手段，如使用冰袋和塑料泡沫箱等低科技方法来保持产品的温度，凸显了行业转型升级的迫切需求。

近年来，我国在冷链物流领域呈现出快速发展的态势，且绝大多数企业对非冷链运输造成的损失有了更深入的认识，明白非冷链运输不仅会增加运输成本，严重情况下还会导致运输产品的质量问题。随着仓储和运输等基础设施的不断完善，冷链物流的发展步伐明显加快。研究表明，在冷链物流市场较为成熟的国家，当人均国内生产总值（GDP）达到4 000美元的阈值时，该行业会迎来爆发期，并步入快速增长的阶段。值得注意的是，中国的人均GDP在2013年就已经突破了6 000美元的大关。

在当前的商业领域中，冷链物流呈现出明显的商业模式发展趋势，并逐渐形成一定的市场格局。根据中国物流与采购联合会冷链委员会发布的研究报告，我国的冷链服务行业呈现出六种主要的运营模式，分别是运输型、仓储型、分级配送型、综合型、交易型以及供应链型，各类模式独具特点，共同构成我国冷链服务业的运营框架。在市场的竞争层面，主要参与者包括经过转型的传统物流企业、自营冷链运输部门或其下属公司，以及专业的冷链服务提供商。值得注意的是，专业级冷链服务商在行业内最具竞争力，国际冷链业巨头与国内企业的合资企业也在市场中扮演着重要的角色。

在探究冷链运营成本一直居高不下的原因时，可以从四个关键维度进行深入分析，即预冷过程的缺失、物流经营的分散性、运输网络的不发达，以及有效信息管理系统的缺乏，四种因素共同作用导致中国冷链物流的利润率远低于发达国家，从而揭示出国内冷链市场巨大的发展潜力。首先，果蔬等易腐物品在未经过适当预冷处理的情况下流通，其损耗率可超过25%，直接影响商品的质量，而且大幅提高了整个冷链的成本。因此，优化预冷流程对于提升冷链效率、降低成本具有重要意义。其次，在众多小型、分散的物流企业共存的市场环境中冷库的空置率普遍较高，导致资源的浪费，增加了企业的运营成本。此外，在缺乏高效、合理布局的物流集散中心的背景下，运输成本不断攀升，进一步加剧了冷链物流的成本压力。最后，许多物流企业无法有效利用先进的信息技术来进行库存和销售数据的管理，导致企业在采购和库存管理上缺乏足够的数据支持，增大了仓储成本和损耗。

（二）冷链物流的运营情况分析

冷链物流是一个复杂的系统，通过整合上游、中游和下游的多个环节，形成互相关联且互相制约的网络。冷链物流系统在保持传统物流共性特征的同时，引入了冷链独有的特定要素，独特的物流形式是现代经济发展中不可或缺的组成部分，特别在保证食品安全和药品有效性方面发挥关键作用。

在冷链物流系统中，除了供应环节，还包括冷冻加工、储藏、运输和销售等关键环节。每个环节都不是孤立的，各环节之间通过精确的温度控制和严格的时间管理相互联系，共同构成了高效和可靠的冷链网络（图8-1）。

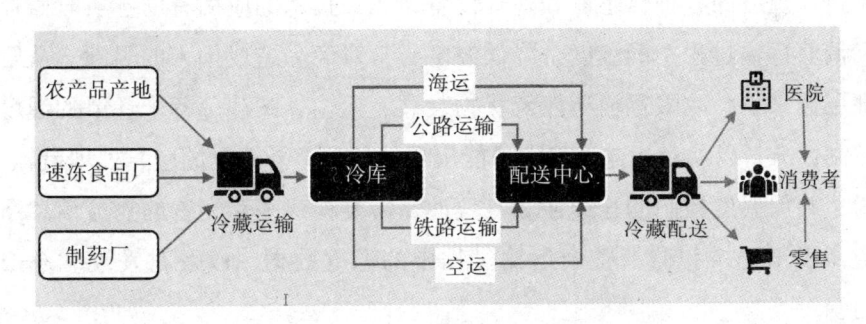

图 8-1 冷链物流各部分关系

1.冷冻加工

在冷冻加工环节，主要对肉类、禽类、鱼类以及蛋类等多种食材进行冷却与冷冻，同时对这些食材作进一步加工。此外，该环节还涉及对蔬菜的预冷处理、对各式速冻食品及乳制品的低温加工，具体工作时主要依赖冷却和冻结设备以及速冻机械等冷链装备。

2. 冷冻储藏

冷冻储藏环节可以保障食品在储藏及后续加工过程中的品质和安全，关键设施包括多种类型的冷藏库、加工间、冷藏柜、冷冻柜以及家庭使用的冰箱等，借此可确保食品在整个供应链中的质量，延长其保质期，对维护食品安全和提高食品加工效率具有不可忽视的作用。

3. 冷藏运输

冷藏运输是冷链物流中至关重要的一环，主要是在控制和维持特定温度条件下运输温度敏感的商品，以确保商品在运输过程中的品质和安全。这类商品主要包括食品、药品、生物制品等，对温度要求非常严格，一旦温度控制不当，商品可能受到损坏，进而造成经济损失乃至影响消费者健康。

从技术层面来看，冷藏运输的运营涉及先进的冷藏设备和运输工具，包括配备有温度控制系统的冷藏车、冷藏集装箱，以及在运输过程中用于监控温度的各种传感器和追踪设备，相关技术的应用有助于实时监控和调整运输过程中的温度，降低温度异常对商品造成损害的风险。从管理层面来看，冷藏运输还涉及货物装载、运输、卸载等各个环节的温度控制标准，以及对运输过程中可能出现的各种意外情况的应急处理措施。为了确保温度控制的连续性和有效性，需要构建一套完善的物流信息系统，用于记录和监控整个运输过程中的温度数据，以及时发现和解决问题。

4. 冷冻销售

进入零售环节，冷冻销售成为首要考虑因素，这一环节主要涉及冷链食品从生产厂家经过批发商到达零售商的过程。伴随着大型及中型城市连锁超市的迅速扩张，超市逐渐成为冷链食品主要的销售渠道，在这些零售终端广泛使用的冷藏和冷冻展示柜及相关储存设施，成为保障食品质量和安全的重要一环。

在现代食品产业的运营过程中,尽管针对易腐食品,如畜禽产品、水产、牛奶及生鲜果蔬等开始采用低温加工与运输技术,冷链销售的普及率却显得较低。冷链系统的连续性不足,常见的问题包括冷链中断、产品解冻及重复冷冻等严重影响了食品质量与安全。在销售环节,许多肉类、牛奶、豆制品、蔬菜和水果等产品依旧通过传统的城镇农贸市场进行销售,通常为手推车销售蔬果、使用秤称重、在简易摊位上销售肉类等,不利于保持食品的新鲜度和安全性,导致大量生鲜食品在流通过程中出现腐败变质的情况。由于上述流通和销售环节的问题,食品产业中的损耗率较高,进而导致物流成本显著增加。研究显示,物流成本占食品总成本的比例为70%以上,远超国际标准,后者通常建议物流成本应占食品总成本的50%以下。

(三)我国冷链物流现存问题分析

1. 冷链物流观念尚未建立

冷链物流作为现代供应链管理中的重要组成部分,在我国的发展速度尚未达到预期的水平。而之所以出现这种现象,主要归因于需求方对于低温物流服务的认识不足,这在很大程度上是由我国的经济和社会背景所决定的。尽管中国人口众多,经济在过去几十年里取得显著进步,但与发达国家相比,某些地区的经济发展仍显不足,特别是冷链物流基础设施的建设和利用在不同地区之间存在显著差异。冷链物流的高成本是其发展缓慢的另一重要原因。实际上,大多数消费者尚未完全准备接受成本较高的物流服务,原因是对这种服务认识不足。目前,我国低温食品产业仍处于发展初期,而且许多需要低温运输的产品主要是农业产品。在传统观念中人们认为只有冰激凌、酸奶、雪糕等冷饮食品需要低温存储,忽视了其他许多产品也可能依赖冷链物流以保持其新鲜度和品质。在中国,冷链物流系统的发展面临着显著的挑战。首先,对低温储存的必要性认识不足和基础设施的缺乏导致许多需要冷链处理的产品从源头开始就未能得到适当的低温处理。其次，由于冷链物流的成本相对较高，许多企业和个人出于成本节约的考虑，忽视了低温处理的重要性，导致在整个供应链中低温处理的缺失，增加了食品安全的风险，甚至可能引起食物中毒事件。

2. 基础设施不足

（1）冷藏汽车。我国冷藏汽车的保有量远不能满足市场需求，在高峰期和季节性需求激增时，冷藏汽车的短缺问题尤为突出。此外，部分冷藏汽车的技术水平较低，制冷效果和保温性能不稳定，容易导致运输过程中的货物损坏或变质。这不仅影响了冷链物流的效率和质量，还增加了物流成本和经营风险。

（2）铁路冷藏车。第一，设施设备老化。许多铁路冷藏车仍在使用过时的技术和设备，降低了运输效率，增加了货物损坏的风险。例如，一些冷藏车的保温性能不佳，无法确保长途运输过程中的恒温条件，直接影响到货物的品质和安全。第二，铁路冷藏车的数量和覆盖范围不足。尽管我国铁路网络密集，但专用于冷链物流的冷藏车相对较少，导致无法满足市场日益增长的需求，限制了冷链物流的发展，尤其是在偏远地区，冷链物流服务更是难以触及。第三，技术创新和数字化转型在铁路冷藏车领域的应用还不够广泛。虽然一些先进的监控和管理系统能够实时监控车厢内的温度、湿度等关键参数，提高货物运输的安全性和效率，但此类系统并未普遍部署。缺乏足够的技术支持，使得铁路冷链物流难以实现精细化、智能化管理。

（3）冷库。冷库作为冷链物流的核心环节，其容量的充分性直接影响着整个冷链系统的效率和可靠性。冷库容量的问题根源于多个方面，其影响也是多方面的。一是冷库的容量直接关系到存储能力。不足的容量会限制商品的存储量，在节假日或特殊情况下尤为明显。冷链物品的需求量急剧上升，不足的冷库容量将无法满足市场的需求，导致供应链断裂，影响商品的流通和消费者的满意度。二是当冷库的存储达到饱和点时，物流公司需要频繁地进行货物的进出，增加了物流成本和货物在运输过程中的损耗风险，并且冷库的超负荷运作还可能影响其冷却效率，进而影响存储在内的商品质量。三是从运营成本的角度来看，冷库容量的不足意味着单位存储成本的升高。部分企业为了充分利用有限的空间，需投入大量成本进行冷库的精细化管理，包括更复杂的库存管理系统和更频繁的货物调度，这些都会增加企业的运营成本。

3.冷冻食品生产没有统一的行业标准和规范

在当前经济发展的大背景下，冷鲜食品市场的需求呈现出持续增长的趋势，促使众多物流企业纷纷投身于冷链物流领域。尽管社会各界对冷链物流的关注度逐渐提升，但现有的研究和理解主要集中在宏观层面，细节层面，尤其是产品标准的制定方面，仍然显得较为落后。冷链物流是专门设计用来保障易腐食品品质的供应链管理系统，其核心是维持特定的低温环境，相较于常规的常温物流要求更为严格，涵盖的系统更为复杂，每一个环节都必须遵循统一而严格的规范和标准。因此，制定和完善针对性的规范和标准显得尤为迫切。当前，我国在冷链物流领域缺乏全面的国家层面或行业专项的明细标准，这是一个明显的短板。虽然部分大型食品生产和加工企业已经根据自身需求制定了行业标准，但在整个行业的普遍适用性和监管层面存在较大的局限性。随着冷链物流行业的快速发展，对于系统化、规范化的法规和标准的需求日益迫切，业界普遍期待国家能够尽快出台相关的行业标准。

在当前的冷链物流领域，虽然农业农村部、商务部等相关政府机构已经制定了一些法规，但尚未形成一个完整的体系，导致技术参数之间存在矛盾和重叠，反映出行业标准的缺乏以及规范的不一致性。政府颁布了一些对行业有重大影响的导向性文件和政策，如《冷藏、冷冻食品物流包装、标志、运输和储存》标准和《易腐食品机动车辆冷藏运输要求》标准，以及《农产品冷链物流发展规划》，但在具体的执行标准和法规层面仍存在不少空白和漏洞。这些问题反映了冷链物流行业作为基础设施薄弱的新兴行业所面临的挑战。在管理方面，该行业目前呈现出一种无序的状态；在监管方面，则显现出缺乏有效监控的情况。这些因素共同作用导致冷冻食品市场上产品质量的不一致性，增加了消费者和相关利益方面临的不确定性和风险。尽管近年来政府和行业相关方面已经开始关注并推动冷链物流的发展，制定了一系列政策和指导性文件，但规范化和标准化建设仍显不足。首先，中国冷链物流行业缺乏统一和明确的国家级或行业级专项标准。虽然一些大型食品生产加工企业已自行制定了一些操作标准，但标准的普遍性和权威性有限，导致整个行业在监管和执行层面存在明显的不足。其次，技术发展方面的不足制约了冷链物流的质量和效率。行业内部分企业在冷链设备和技术上的投入不足，影响了整体服务的标准化和规范化水平。

4. 人力资源匮乏

随着我国食品行业的快速发展，冷链物流行业迅猛增长，促进了相关技术和服务的进步，但同时暴露出行业人才发展与行业需求之间的脱节。尽管冷链物流对食品安全和质量保障至关重要，但目前专业化冷链物流人才的缺乏已成为行业发展的瓶颈。冷链物流涉及复杂的物流管理知识，需要融合特定的技术知识。例如，冷库的运作依赖特定的化学制冷原理，如氟制冷和氨制冷技术，要求从业者必须具备相关的化学知识。并且，由于冷库设备，如压缩机等涉及电学原理，从业人员需掌握必要的电学知识。更为重要的是，冷链物流人才需深入了解制冷的结构、工艺及原理等专业知识，以确保冷链系统的高效和安全运作。然而，当前的教育体系在冷链物流人才培养方面存在明显短板。多数院校开设的相关课程往往集中在制冷暖通或物流方面，缺乏针对冷链物流的专业内容，而且课程内容常常停留在20世纪90年代的理论知识上，与行业的实际需求存在较大差距。在这种背景下，冷链物流企业普遍采取"师傅带徒弟"的方式进行人才培养，虽然有助于员工在实践中学习，但在系统性和理论深度上往往难以满足行业发展的需要。

5.第三方冷链物流企业发展滞后

当前，我国的低温物流领域尚未出现专业化的全国性第三方企业。在现有的冷链物流市场中，主体以中小型企业为主，普遍面临着实力不足、经营规模有限的问题，缺乏统一且高效的服务标准。大型冷链物流企业虽然存在，但数量有限，且多数正处于行业发展的初期阶段，综合资源整合能力和行业推动力尚显不足，服务模式有待规范。在低温产品的生产、运输、仓储及销售各环节，涉及企业多数规模较小，技术装备不尽先进，尤其在速冻条件的配备上存在显著不足，限制了速冻食品技术装备的进步和产品质量的提升。具体到水产速冻食品行业，主要供应商集团数量有限，且其下属企业技术力量分散，生产效率低下，普遍缺乏形成品牌意识的战略视角，产品结构偏向中低端市场。我国大多数易腐生鲜食品的物流配送工作主要由生产商和经销商共同完成，特别是针对国内市场的配送。相比之下，涉及外贸出口的易腐食品物流则具有更为成熟的冷链物流体系。然而，国内第三方食品冷链物流行业的发展相对滞后，不利于食品安全和质量的提升。当前，第三方物流服务提供商在满足客户需求方面存在明显短板，尤其是在规模、影响力、服务范围、设施条件、技术水平以及服务规范性等方面。事实上，大部分冷藏物流供应商主要提供的是冷藏运输服务，而非完整的冷链物流服务。冷藏运输虽然能够在运输过程中控制食品温度，但无法涵盖整个供应链中的所有环节，如加工、存储、分销等，因而不能完全满足易腐食品在质量和安全上的全面要求。然而，在国内冷链物流领域，本土供应商普遍面临一个难题，即难以对整个供应链实施有效的温度管理，管理上的不足直接影响冷藏食品生产企业在选择物流服务商时的决策。许多企业发现，由于缺乏可靠的第三方冷藏物流服务，难以将冷藏物流业务全面外包。因此，企业大多选择自主管理其冷藏物流或者只是将区域配送和短途运输部分外包，一定程度上限制了第三方冷藏物流服务行业的发展。当越来越多的企业试图切入冷链市场时，发现国内缺乏有效的第三方冷藏物流支撑，导致冷藏食品在市场上的分布不均，某些区域出现供过于求的现象，削弱了生产商进入冷链市场的积极性，对市场的健康发展造成了不利影响。另外，服务网络和信息系统的不完善是加剧问题形成的另一个关键因素。在现代物流体系中，服务网络的健全性和信息系统的高效性是确保物流质量、准确性和及时性的基础。

6. 冷链物流体系上下游缺乏整体规划和整合

中国的冷链物流领域存在关键的结构性问题，特别是在整个供应链的规划和整合方面。中国的农业产业化程度及其产品的产供销一体化水平尚未达到理想的高度，尤其是在初级农产品和易腐食品的供应链管理方面。尽管中国在产品的产销量上呈现出巨大的规模，但供应链的各个环节之间缺乏有效的协调和整合，加上上下游之间缺失整体规划，导致了局部发展的不平衡和配套设施的不充分，从而阻碍了冷链物流体系的资源整合和行业发展。

7. 信息化水平低

国内冷链物流企业的信息化水平不尽如人意，在很大程度上受到当前冷链发展阶段的影响。许多企业仍然处在对硬件投资的初级阶段，而对于信息化的重视程度不足，缺乏统一和前瞻性的信息化建设规划。信息化建设的关键在于制定统一的规划和标准，构建集中的平台，以实现数据的实时透明和可视化。

二、构建冷链物流大数据的重点需求

（一）服务对象和质量要求

冷链物流大数据中心服务的对象范围广泛，覆盖了冷链物流中的各个环节，包括生产者、运输公司、仓储设施、分销商以及最终消费者，各实体有着不同的需求和期望，而大数据中心的任务就是通过高级技术来满足服务对象的各类需求。服务对象的多样性要求大数据中心能够处理各种类型的数据，并能够针对不同的服务对象提供定制化的解决方案。例如，生产者可能更关注原材料的质量控制和产品在生产过程中的温度监控；而零售商则可能更关注产品在运输和储存过程中的温度波动以及产品到达消费者手中的速度和效率。为了满足广泛的需求，冷链物流大数据中心采用了前沿技术，包括物联网(Internet of Things)、人工智能(AI)、机器学习、大数据分析等。通过物联网技术，中心可以实时收集冷链过程中的关键数据点，如温度、湿度、位置信息等，这些数据随后被传输到云端或数据中心进行进一步的分析和处理。人工智能和机器学习技术使大数据中心能够从收集到的海量数据中识别模式、预测趋势，并做出智能决策。例如，通过分析历史数据，AI模型可以预测在特定条件下产品可能出现的质量问题，从而提前采取措施避免损失。同时，这些技术也能帮助优化路线规划，减少运输时间，降低成本，提高效率。大数据分析为冷链物流的所有参与者提供了深入洞察的机会，可帮助他们理解运营中的关键驱动因素，从而做出更加明智的决策，识别出提高效率、减少浪费和改进服务的机会。另外，冷链物流大数据中心必须确保数据的安全性和隐私性，包括采用加密技术保护数据传输安全，实施严格的数据访问控制，以及确保符合相关的法规和标准。

(二) 大数据中心的功能定位

在当今的冷链物流体系中，大数据中心扮演着信息处理和存储的角色，它的功能和定位更是多维度、多层次的，是连接生产和运营的枢纽，是保证产品质量和流通效率的关键。冷链物流大数据中心在生产运营中的定位，如图8-2所示。从图中可以看出，大数据中心是多方信息交流和数据处理的中心，涵盖了数据的采集、分析、应用及反馈等多个环节，其功能定位可谓是多元化的。

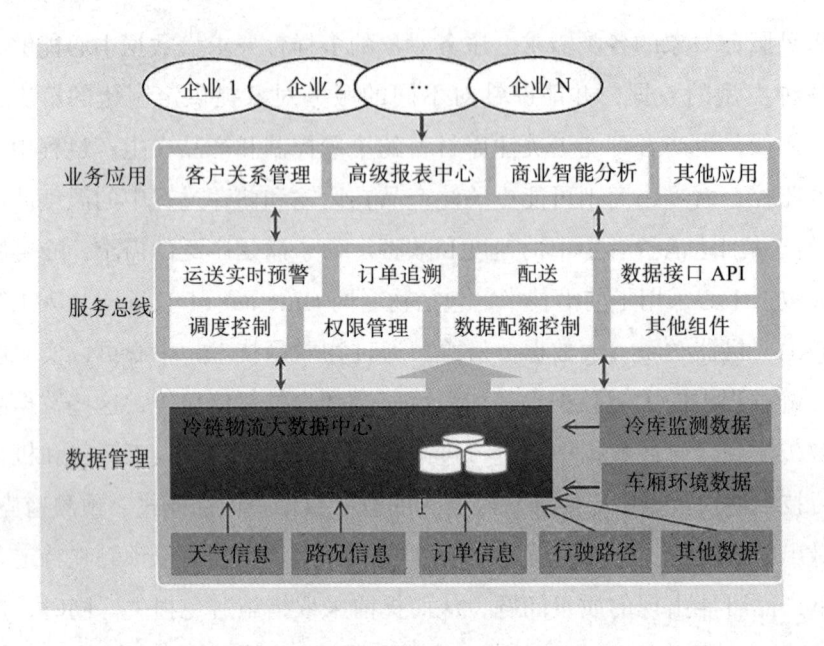

图 8-2 冷链物流大数据中心在生产运营中的定位

冷链物流大数据中心是信息采集和融合的平台，通过传感器网络、GPS 和其他追踪技术实时收集各个环节的数据，包括温度、湿度、运输速度、产品状态等信息，这些数据对于保障物品在运输过程中的质量至关重要。因此，该中心需要具备高效的数据接收能力和稳定性，以确保数据的完整性和准确性。另外，大数据中心还是智能分析的核心。大数据中心能够通过高级的数据处理算法对收集到的信息进行存储和分类，也能通过数据挖掘和机器学习技术对这些信息进行深度分析，从而预测潜在风险，优化资源配置，提升物流效率，减少损耗。另外，大数据中心还能够根据历史数据和市场趋势，为管理层提供决策支持。大数据中心还是一个决策支持系统，为管理人员提供决策依据，为一线操作人员提供实时的指导和帮助。通过将分析结果可视化，大数据中心可以提供直观的图表和报告，帮助相关人员快速理解当前的物流状态，做出及时的响应。比如，当某一环节出现温度异常时，系统可以立即通知相关人员采取措施，从而避免或减少潜在的损失。同时，大数据中心也是策略制定和优化的引擎。通过长期积累的大量数据，大数据中心能够分析出最优的物流路径，预测和规避交通高峰和不稳定的天气条件，进而实现成本的优化。该策略制定通常基于海量的历史数据和复杂的算法模型，其目的是在保证服务质量的前提下，实现成本的最小化和效率的最大化。除此之外，随着冷链物流行业的发展，新的需求和挑战会不断涌现，因此中心需要能够迅速适应新的数据类型、分析工具和业务需求的变化，从而保障系统的前瞻性和领先地位。

三、冷链物流大数据的来源与质量要求

在冷链物流体系中，对物品温度和湿度的控制必须严格无误。特别是对于食品类产品，如冷饮、各类肉品以及奶制品，在运输全程中维持在预设的低温区间。此外，医疗领域中的血液、生物制剂以及药品对环境的温度要求苛刻，产品中的蛋白质成分对环境温度的微小变化极为敏感，温度的任何不稳定性都可能导致其结构的改变，进而影响其安全性和有效性。因此，对这类产品的冷链运输需要实施精细和严格的温度控制措施，有效避免药品、血液产品和疫苗等关键物资在运输过程中变质，保障其在到达目的地时仍保持应有的效能和品质。另外，医疗产品内部成分的不稳定性使得其对温度的敏感度更高，因此在冷链物流中对这些产品的运输和储存需要严格控制温度，以确保其质量和安全性不受损。

在冷藏运输中，冷藏车厢内划分为多个温区，各温区需进行不同的温度控制，因此会产生大量的数据，包括车厢内的实时温湿度监控、车厢门的开关记录、车辆的实时定位以及冷藏设备的状态等，这些信息数据在冷链管理中具有至关重要的作用。通过对这些数据的分析和处理，可以及时发现和解决潜在的问题，从而确保冷链运输的顺利进行，为食品安全提供有力保障。为确保数据采集的质量，必须依赖最新的设备和通信协议，以提高数据传输的效率和准确性，为后续数据分析和决策提

供可靠的基础。在冷链物流领域，实时监控和预警系统对确保运输过程中温度与湿度控制至关重要，因此系统要实时捕捉数据，确保环境参数在预定的阈值范围内运行。若监测到的温湿度数据超出既定阈值，系统须立刻通报责任人员，以便及时采取纠正措施。冷链物流的各环节都需严格遵循此监控标准，以防任何环节的失控导致整体链条的破坏。在冷链运输的实践中，曾有案例显示温控失效将导致严重后果，如山西省发生过一起疫苗运输事件，即冷链温度控制未能达到预期标准，造成了疫苗高温暴露，进而引起了人们对身安全与重大经济损失的忧虑。为避免类似事件再次发生，冷链物流中的温湿度数据必须受到密切的监控，并建立起相应的实时监测和预警机制，进而提高整个冷链管理体系的可靠性和有效性。

在冷链物流领域，配送环节所涉及的数据来源繁多。特别是在运输过程中，大量数据包括实时监测的温湿度、车厢门的开合情况、运输线路的优化与调整、车辆的GPS定位，以及相关设备的状态等，对这些数据的相关记录必须遵守严格的规定和标准，以确保物流运输的安全性和可靠性。具体规定如下：

（1）以符合危害分析与关键控制点（HACCP）体系的管理要求为基准，在原材料采购环节就要对食品和药品进行严格审查，尤其是内部温度，有助于确保原材料的品质和适用性，从而避免可能导致产品污染或变质的情况。同时，在仓储和运输过程中实行严格且不间断的温度监测，有助于防止温度波动带来影响，如微生物生长或药物失效等。

（2）生物制品，如疫苗、菌苗等从制药厂成品仓库发运至接种地，其冷链储运过程中，必须记录监测环境温度，并保证监测记录的准确性、完整性，便于随时审查，旨在保障生物制品在运输过程中的安全性和稳定性，以确保其在接种过程中发挥最佳效果，从而有效预防疾病的传播和流行。

（3）依照《药品经营质量管理规范》的规定，运输冷藏或冷冻药品的设备必须能够可靠地控制温度,以确保药品在运输过程中不受温度波动的影响。冷藏车应具有自动调节系统,能够根据需要对车内温度进行调节,并能够通过显示器直观地展示当前温度,而且冷藏车应具备存储温度数据的功能,以便监测和追溯温度变化情况。而冷藏箱和保温箱应当设计有外部显示屏,以实时显示箱内的温度情况,有助于运输人员及时了解药品的存储环境,并能够在必要时采取相应的措施以维持适宜的温度条件。

四、冷链物流大数据的处理需求

冷链物流系统需实时展示各类关键数据,包括仓储信息、干线运输、配送过程、环境监控、警告信息以及客户满意度等。通过对仓库内温度、湿度、货物存储位置等信息的实时监控,物流管理人员可以及时了解货物的存储状况,确保货物在最佳的环境下存储。即时的信息反馈可以帮助管理人员迅速做出调整,如在检测到存储环境不符合要求时,可以立即采取措施调整环境参数或者重新安排货物的存储位置,以保证货物的品质。在干线运输和配送过程中,通过实时跟踪运输车辆的位置、速度,以及车辆内部的环境条件,可以确保货物在运输过程中的安全和品质。如果在运输过程中发现温度超出了设定的范围,管理人员可以即时通知司机采取相应的措施或者调整运输计划,以避免对货物造成损害。通过对仓储和运输环境的持续监控,系统可以在发现潜在风险时立即发出警告,如温度异常、湿度异常、门未关闭等,而实时的警告信息可以帮助相关人员迅速响应,采取措施避免损失。通过对客户反馈的即时收集和分析,冷链物流企业可以了解客户对服务的满意程度,及时调整服务策略和流程,以提高客户满意度和忠诚度。此外,大数据的处理和分析能力也是提升冷链物流效率和质量的关键。通过对历史数据和实时数据的深入分析,企业不仅可以优化当前的物流操作,还可以预测未来的趋势,制定更加科学、合理的物流策略。

冷链物流大数据处理的核心目的在于通过精细化管理和实时数据监控,确保冷链物流的每一个环节都能够在最优条件下运作,从而保障物流效率和货物质量。对于冷链物流而言,温度和湿度的监控尤为关键,对于保证货物在运输和储存过程中的品质至关重要。对于需要低温储存的药品或食品来说,即使是短暂的温度升高也可能导致品质下降或损坏。因此,通过传感器等技术手段实时监测并记录温湿度数据,然后将数据传输至中央系统进行分析,实时显示当前的环境状况,还能够为发现问题、及时调整提供依据。

在为冷链物流企业提供统一的大数据中心服务时,冷链物流行业涵盖了各种规模和技术成熟度的企业,如从小型家族企业到大型跨国公司,它们在信息技术的应用和数据管理方面存在显著差异。统一的大数据中心服务需要为这些多样化的用户提供既定制化又广泛适用的解决方案,确保每家企业都能从中受益。在实现这一目标时,首要任务是识别不同用户的具体需求和能力。例如,小型企业可能缺乏专业的IT部门来进行复杂的数据分析,而大型企业可能已经有高度发展的数据处理和分析能力。因此,大数据中心服务需要提供易于使用的界面和工具,以便小型企业用户可以轻松访问和理解数据,同时要提供高级的分析功能来满足大型企业更为复杂的需求。除了用户友好性外,数据中心服务还需考虑数据的集成和兼容性。冷链物流企业可能已经使用了各种系统和软件来管理其操作,大数据中心服务需要能够与这些现有系统集成,以便无缝地汇总和分析数据。这要求数据服务提供商必须具备强大的技术能力,以确保数据集成的高效和安全。

冷链物流数据库向数据仓库的转换是这一过程中的一个重要步骤,标志着数据处理对象从日常事务性数据向深入分析性数据转变。冷链物流数据库通常存储大量事务性数据,如货物的收发记录、温湿度监控数据、车辆位置信息等,主要用于支持日常运营,如跟踪货物状态、监控运输条件等。然而,这些数据在原始形态下,虽然对日常操作至关重要,但其潜在的信息和知识并未被充分挖掘和利用。转换为数据仓库后，事务性数据经过整合、清洗和转换，变成了便于进行高级分析和决策支持的分析性数据。数据仓库提供了存储和管理数据的方式，使得企业能够从历史数据中提取价值，进行趋势分析、性能评估、风险预测等高级分析。例如，通过分析过去的温度数据，企业可以优化其冷链设施，预防未来可能出现的问题，从而降低成本并提高服务质量。此外，企业可以利用数据仓库中的信息进行复杂的查询、报表生成和多维分析，从而获得对业务运营和市场趋势的深入见解，以指导企业做出更加科学和精确的决策，如优化物流路线、改进货物管理策略、预测市场需求等。

在冷链物流领域，对特定时间段内的历史数据进行详尽查询的需求日益增长。详细追踪某一笔订单的完整生命周期，从起始阶段到最终的售后服务，有助于优化操作流程，提升客户满意度，并在必要时提供责任归属的明确依据。当冷链物流企业能够追踪并查询订单的每一个环节，也就能够在出现问题时快速定位和响应。例如，如果客户投诉收到的商品在质量上存在问题，企业可以通过查询该商品的运输和储存历史来判断问题可能发生在哪个环节。历史数据的查询也有助于企业进行长期的业务分析和规划，具体通过分析不同时间段内订单的数据，企业可以识别出业务运营中的趋势和模式，如某个季节可能对某类产品的需求更高，某个区域的配送效率可能低于其他区域。能够查询订单的详细历史数据意味着客户可以了解他们的订单在整个供应链中的每一个步骤，增加对服务提供者的信任，如果客户对订单的处理有任何疑问或不满，可以直接参考这些数据，与企业进行更具体、有针对性的沟通。

五、冷链物流大数据计算资源需求

冷链物流领域的数据量呈指数级增长，对大数据中心的计算和存储容量提出了前所未有的挑战，涵盖了温度监控、货物追踪、运输效率、客户互动等多个维度，其复杂性和体量的增加直接影响了数据处理的速度和效率。在这种情况下,大数据中心必须不断升级其硬件设施,如增加更多的服务器、扩展存储容量、提高网络带宽,以确保能够高效地处理和存储日益增加的数据。同时,随着上层业务应用系统对数据需求的多样化,大数据中心需要更加灵活和高效地管理资源,而这涉及数据的快速处理和准确分析、数据的安全性和可靠性。为此,大数据中心需要采用更加先进的信息技术,如云计算技术有助于进行弹性资源配置,即按需分配计算和存储资源,以适应不同时间和不同业务的需求变化。人工智能和机器学习技术可以帮助提升数据处理的智能化水平,进而提高决策的速度和质量。为了更好地整合行业信息资源,大数据中心还需要建立更为高效的数据集成和管理机制,包括对数据来源的广泛整合,确保数据的完整性和一致性;优化数据的存储结构和查询机制,提高数据检索的速度和准确性。数据的安全性和隐私保护也是大数据中心必须重点关注的问题,因此需要通过加密技术、访问控制、数据脱敏等手段,确保数据在存储和传输过程中的安全。

冷链物流大数据中心在我国服务于众多企业,企业共享同一数据处理系统。多租户环境要求系统能够在保证服务效率的同时,确保各企业数据的独立性和安全性,避免数据泄露或误用的风险。在这种环境下,数据隔离是一项基本要求,关系到数据的安全性,影响数据的准确性和可靠性。大数据中心需要采用先进的技术确保各企业数据的隔离,如采用虚拟化技术将不同企业的数据存储在隔离的环境中,以及利用容器化技术为每个企业提供独立的运行环境。系统的灵活性和可扩展性也是大数据中心必须具备的特性。灵活性意味着系统能够根据不同企业的需求提供定制化的服务,无论是数据处理流程、数据分析工具,还是用户界面设计都能够根据特定需求进行调整。可扩展性则确保系统能够随着企业需求的增长或变化进行相应的扩展,包括增加计算能力、存储容量或引入新的功能和服务。为了实现这些目标,大数据中心可能需要引入一系列高级技术。例如,云计算技术可以为不同企业提供灵活、可扩展的计算资源；大数据分析和人工智能技术可以帮助企业从大量复杂的数据中提取有价值的信息；而最新的网络安全和数据加密技术则能够保证数据传输和存储的安全性。

第二节 冷链物流大数据管理框架

冷链物流大数据中心的项目构成确实繁复，核心组件包括互联互通的物联网设备、高效的数据传输与接收机制，以及支撑大数据存储的系统平台，它们共同构建了一个强大而复杂的系统，旨在实现数据的高效收集、传输、处理和存储，以支持冷链物流的各个环节。物联网设备散布在整个冷链物流过程中，实时收集和传输各类数据，如温度、湿度、位置、运输状态等，数据的实时准确传输是确保冷链物流效率和安全的关键。因此，高效的数据传输与接收机制成为大数据中心不可或缺的一部分，需要能够处理来自数以万计的物联网设备的海量数据。在数据被收集和传输之后，就是数据的存储和处理，这需要依赖强大的系统平台，而平台要具备大规模数据存储的能力，发挥高效的数据处理功能，以支持复杂的数据分析和智能决策，这些功能的实现依赖先进的数据库技术、数据处理算法和计算架构。为了确保这一复杂系统的高效运作，严谨的项目管理策略至关重要，涉及对资源的高效组织和利用、风险管理、时间管理、质量管理等多个方面。项目管理者不仅要有深厚的技术背景，还需要具备强大的组织和协调能力，以确保项目按照既定目标高效推进。

冷链物流大数据中心的建设被划分为三个关键阶段：战略规划、架构设计和技术实现（图8-3）。

》供应链管理和信息化技术

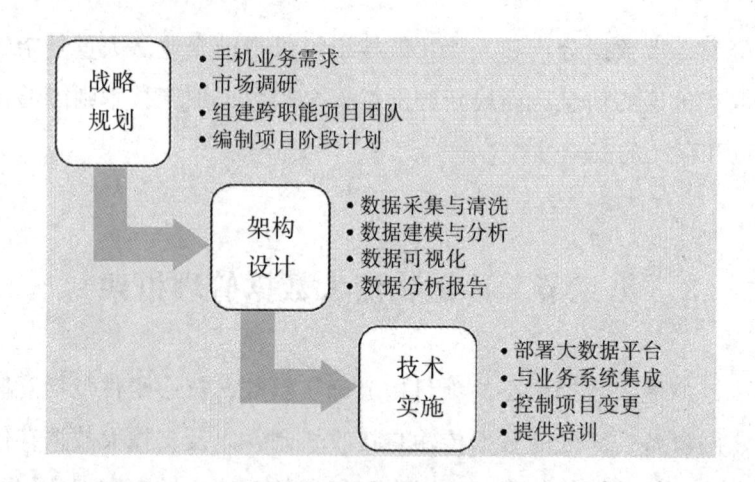

```
┌─────┐    • 手机业务需求
│ 战略 │    • 市场调研
│ 规划 │    • 组建跨职能项目团队
└─────┘    • 编制项目阶段计划
     ↓
   ┌─────┐   • 数据采集与清洗
   │ 架构 │   • 数据建模与分析
   │ 设计 │   • 数据可视化
   └─────┘   • 数据分析报告
        ↓
      ┌─────┐  • 部署大数据平台
      │ 技术 │  • 与业务系统集成
      │ 实施 │  • 控制项目变更
      └─────┘  • 提供培训
```

图 8-3　冷链物流大数据管理框架

一、战略规划

（一）收集业务需求

在冷链物流大数据项目的战略规划阶段，收集业务需求至关重要。在大数据时代背景下，对于数据密集型的冷链物流行业来说，对数据的处理不应是盲目的全面收集，而应是有针对性和策略性的选择性收集。

冷链物流领域涉及的数据种类繁多，包括温度监控数据、货物流转路径、运输时间、仓储条件、货物状态信息等，大数据项目团队需要精准定位哪些数据是关键的，哪些数据能够为决策提供支持，哪些数据对于提升业务流程有实际价值。

在冷链物流中，收集业务需求的过程中，以下是一些关键问题：

（1）需要收集哪些数据来确保货物在整个冷链过程中保持适宜的温度。

（2）如何有效追踪货物在运输过程中的实时位置和状态。

（3）应该如何收集和分析数据以优化货物的运输路线和降低物流成本。

（4）需要哪些数据来评估供应链中各环节的效率和及时性。

（5）如何利用数据来预测和防范冷链物流过程中可能遇到的风险。

（6）如何确保所收集的数据能够帮助人们提高客户满意度和服务质量。

（7）需要哪些数据来支持对冷链物流过程的持续改进和创新。

（8）如何收集和利用数据来支持冷链物流的可持续发展。

（9）如何确保数据收集和处理流程遵守相关的法规和标准。

（10）如何确保数据收集的全面性，同时避免收集不必要或无关的数据。

通过这些问题，项目团队可以更加具体和系统地理解在冷链物流领域中，哪些业务需求是至关重要的，以及如何通过数据收集和分析来满足这些需求。

冷链物流大数据中心平台的构建旨在为冷链物流企业提供一个强大的数据分析和可视化工具集，帮助企业优化运营，提升效率和服务质量。为实现这一目标，平台需要具备高度的扩展性和用户友好性。在收集业务需求的过程中，项目团队必须深入了解冷链物流的各个环节，包括物品采购、存储、运输、分发和销售。每个环节都产生大量数据，如温度变化、运输速度、路线选择、能耗、成本和时间效率等，都是大数据平台分析和优化的基础。针对管理层，应关注宏观决策支持，如成本控制、风险管理、市场分析和战略规划等，而且平台需要提供高级的数据分析工具，如预测分析、趋势分析和模式识别等，以帮助管理层从大量数据中提取有价值的信息，做出更明智的决策。同时，平台要辅助技术人员进行数据处理，并为非技术背景的用户提供简洁直观的操作界面。例如，通过图形化的数据展示、拖拽式的查询构建器和一键式的报告生成，使得非技术用户也能轻松地进行数据分析和结果解读。随着业务的发展和技术的进步，新的数据类型、数据源和分析工具将不断出现，平台需要能够灵活地整合新元素，无须进行大规模的重构就能适应业务和技术的演变。在实际操作中，收集业务需求不是一次性的任务，而是一个持续的过程。随着项目的进展，初期的需求可能会发生变化，新的需求可能会出现。因此，项目团队需要建立有效的机制，以持续收集和整合用户的反馈，确保平台始终符合用户的实际需要。

冷链物流行业的特点之一是其复杂性和多样性，涉及不同类型的产品，如食品、医药等，而每种产品对于温度和湿度等环境条件的要求都有所不同。因此，业务需求的收集需要从多个角度进行，包括运输安全性、货物质量保障、运输效率等方面。通过系统梳理业务需求，项目团队可以深入了解业务的核心问题和关键挑战，从而制定出更加精准的解决方案。冷链物流行业的快速发展也意味着其业务环境的快速变化。新的产品、新的市场需求，以及新的监管政策都会对业务需求产生影响。因此，在大数据中心软硬件选型的过程中，需要特别关注如何适应业务环境的快速变化。大数据中心需要具备高度的灵活性和可扩展性，快速调整和适应新的业务需求，保持在行业竞争中的领先地位。

(二) 市场调研

在冷链物流大数据管理框架的战略规划阶段，市场调研的核心目的在于深入了解大数据中心在应对发展挑战时所采取的策略和技术解决方案，同时揭示冷链物流公司内部信息技术系统与数据分析技术的实际应用状况。在进行市场调研时，需对冷链物流行业的整体发展趋势进行分析。根据行业报告显示，随着冷链物流需求的增加，全球冷链市场规模逐年扩大，预计未来几年将持续保持稳定增长。进行市场调研时也需要分析竞争对手的情况，即通过了解其他冷链物流公司或大数据中心的技术应用情况和发展战略，借鉴其成功经验，避免重复劳动，并找到自己的竞争优势。例如，某一竞争对手可能已经成功应用物联网技术实现了对货物运输过程的实时监控，对冷链物流大数据中心的技术选择和架构设计具有重要启示作用。此外，市场调研还需要关注冷链物流公司内部信息技术系统与数据分析技术的实际应用状况。通过与公司内部各部门的沟通和交流，了解现有系统的优势和不足，以及各部门对于大数据中心建设的期望和需求。例如，货物温度监控部门可能希望大数据中心能够提供更精确和实时的温度数据分析，以优化冷链运输过程。

（三）跨职能部门项目团队

在冷链物流大数据中心项目中，跨职能、多层次的项目团队应该包含来自不同业务部门的成员。其中，业务经理负责了解业务部门的需求和目标，提供项目的战略指导和支持。供应链经理负责监督和协调供应链方面的工作，包括采购、库存管理、运输等。物流经理负责管理和优化物流运输流程，确保货物安全及时送达。仓储经理负责仓储管理工作，包括仓库布局、货物存储、装载等。数据分析师负责收集、整理和分析大数据，提取有用的信息和见解，为业务决策提供支持。数据科学家利用数据分析技术和机器学习算法构建预测模型，帮助企业进行风险评估和需求预测。IT工程师负责构建和维护大数据中心的技术架构，保证系统的稳定性和安全性。财务经理负责监督项目预算和成本控制，确保项目的经济效益。营销经理负责推广和营销大数据中心的服务，提高企业的市场竞争力。客户服务经理负责与客户沟通和协调，收集客户反馈意见，改进服务质量。冷链物流企业涉及的业务领域广泛，包括采购、供应链管理、物流运输、仓储管理等，每个部门都有其独特的数据需求和业务目标，将来自这些不同部门的成员纳入项目团队，有助于充分了解和满足各个部门的需求，确保项目的全面性和准确性。冷链物流企业对大数据中心项目寄予厚望，希望通过数据分析和预测模型等手段提升企业的运营效率和服务质量。因此，项目团队需要充分了解企业的多元化需求，并将这些需求作为构建预测模型的关键输入。只有深入了解企业的业务特点和需求，才能设计出符合实际情况的数据模型，并为企业提供准确有效的分析结果。

(四)项目阶段管理计划

项目阶段管理计划有助于确保项目各个阶段有序进行,任务能够按时完成,资源能够得到合理分配,以实现整体目标。基于高效协作与任务最优分配的原则,项目阶段管理计划必须是详尽且合理的。这意味着所有项目活动、任务和里程碑都需要清晰定义,并且在时间和资源上做出合理的安排。例如,确定每个阶段的起止时间、各个任务的优先级和关联性、资源的需求和供应等。借鉴项目管理知识体系是确保项目阶段管理计划质量的关键。在这方面,可以借鉴诸如项目管理知识体系(PMBOK)等项目管理标准,以及相关项目管理方法论。这些可以为项目团队提供宝贵的指导,帮助他们更好地考虑大数据项目的复杂性和多变性。项目阶段管理计划必须具备足够的灵活性,计划需要能够应对可能出现的变更,如需求变更、资源调整、技术更新等。为此,项目团队需要建立有效的变更管理机制,及时响应和适应项目的变化,确保项目进展不受影响。在制订项目阶段管理计划时,还需要考虑到团队成员的专业能力和工作负荷。合理的任务分配和资源分配可以最大限度地发掘团队成员的潜力,有助于提高工作效率和项目质量。

二、架构设计

(一)数据采集与存储

数据采集是指从各种来源获取冷链物流相关的数据,并将其传输到数据中心进行处理和存储。冷链物流领域涉及的数据类型多种多样,包括温度传感器数据、GPS定位数据、仓库存储数据、运输记录等,数据源分布在不同的设备和系统中,因此项目团队需要设计并实施合适的数据采集系统,以确保能够及时、准确地获取所有必要的数据。数据采集的过程需要考虑到数据的实时性和完整性。特别是在冷链物流中,温度数据的及时性对于保障货物的质量至关重要。因此,项目团队需要选择合适的数据采集设备和传输协议,确保温度数据能够实时地传输到数据中心,并在传输过程中保障数据的完整性和准确性。一旦数据被采集,冷链物流大数据中心就需要应对海量数据的存储需求,同时确保数据的安全性和可靠性。为此,项目团队需要设计合适的数据存储架构,采用分布式存储系统或云存储方案,以满足不断增长的数据存储需求。在数据存储过程中,冷链物流大数据中心可能涉及敏感信息,如货物信息、客户信息等,因此需要采取有效的安全措施来保护数据不受未经授权的访问和篡改,包括数据加密、访问控制、身份认证等技术手段,以确保数据的机密性和完整性。

（二）数据分析与建模

针对已收集的冷链物流数据,运用数据定量分析技术能够深度挖掘其价值。冷链物流行业涉及众多数据点,包括温度、湿度、运输路线、货物状态等信息。通过对这些数据进行定量分析,可以发现数据之间的相关性和规律,从而帮助企业更好地了解业务运作的现状,发现问题并提出改进方案。例如,可以通过分析历史温度数据和运输路径,预测货物运输过程中可能出现的温度变化情况,以提前采取措施保障货物的质量。针对冷链物流行业的非结构化数据,文本挖掘技术成为探索其内在含义的重要工具。非结构化数据包括各种文本信息,如运输日志、货物描述、客户反馈等,通常不易直接进行分析,但却蕴含着丰富的业务信息。通过文本挖掘技术,可以对这些文本数据进行分析和解读,从中提取出关键信息,如客户需求、市场趋势、竞争动态等,为企业的战略决策提供参考。例如,可以通过分析客户反馈的文本数据,了解客户对产品质量和服务的满意度,从而及时调整经营策略,提升客户体验。在数据分析与建模过程中,还可以运用机器学习和人工智能等先进技术。通过建立数据分析模型,可以预测货物运输过程中可能出现的问题,提前进行风险管理;根据历史数据和业务需求,可优化冷链物流的运输路线和仓储策略，提高物流效率和成本效益。例如，可以利用机器学习算法对大量历史数据进行训练，建立预测模型，以预测货物在不同运输环节可能遇到的问题，并提供针对性的解决方案。

（三）数据可视化

在冷链物流领域，大数据的转化与解读对于管理层而言至关重要，通过利用先进的数据可视化工具，能够将复杂的大数据转化为直观易懂的图表，为管理层提供洞察运营效率、成本节约、风险控制乃至市场商机的有力支撑。

传统的二维表格在数据展示上具有一定的局限性，尤其是在处理海量数据时，不利于迅速识别出类似条目和异常条目。相比之下，数据可视化技术能够直观地呈现出数据的内在规律和特征，为冷链物流管理层提供更为全面、深入的参考。在项目实施过程中，根据冷链物流业务的实际需求，对通用的数据可视化工具进行适当的自定义配置，并辅以定制开发的额外功能模块，可使数据可视化工具更加贴近冷链物流行业的实际应用场景，更好地满足用户的需求。

面对海量的冷链物流结构化和非结构化数据，可采用两种类型的数据可视化技术：内容地形图和小部件。内容地形图包括热点图、专题图等多种形式。将不同类型的数据展示在电子地图上，允许用户与数据进行交互，从而快速检测异常数据。而小部件则是以可视化的形式呈现冷链物流运营过程中的各个交互式链节，形成全景冷链监控系统，使管理层能够全面了解冷链物流的运营状况。同时，小部件还能够展示非结构化数据中的视频和图像等内容，为管理层提供更为丰富的决策依据。

（四）数据分析报告

在冷链物流大数据深入挖掘过程中，通过对数据的细致剖析能够洞察其内在规律和趋势，进而揭示出潜在的影响因子。这一过程的最终逻辑步骤，便是生成一份详尽的数据分析报告，这份报告是对前期分析工作的总结，是对未来冷链物流业务场景的应对策略。

数据分析报告的核心任务在于将数据分析所得的复杂结果转化为冷链物流业务发展中的有价值决策依据。通过报告，管理层能够了解当前冷链物流业务的运营状况，把握市场趋势，识别潜在风险，并据此制定科学合理的业务策略。

（五）数据治理

数据治理在冷链物流大数据管理框架中扮演着至关重要的角色。其核心目的在于确保从复杂的冷链系统中收集的数据具备高质量、安全性，并且具备高度的可用性。在构建冷链物流大数据中心的项目管理结构框架时，数据治理是支撑整个架构设计和技术实现的基石。首先，数据治理是确保数据质量的关键。在冷链物流领域，数据的准确性和完整性对业务运作至关重要。任何数据的错误或缺失都可能导致运输中的温度异常或物流延误，从而对产品的质量和安全造成威胁。因此，项目团队需要建立完善的数据质量监控机制，包括数据清洗、校验和修复，以确保所收集的数据质量达到业务需求。其次，数据治理也是保障数据安全的重要手段。在冷链物流大数据中心中，所涉及数据可能涵盖敏感信息，如产品种类、数量、运输路径等。因此，项目团队需要采取严格的数据安全措施，包括数据加密、访问控制、身份认证等，以防止数据泄露和非法访问。另外，数据治理也涉及数据的合规性。随着数据保护法律法规的不断完善，企业对于数据的合规性要求也越来越高。项目团队需要了解并遵守相关的数据保护法规，如《中华人民共和国个人信息保护法》等，确保数据收集、存储和处理过程符合法律法规的要求，保护用户的隐私权和数据权益。最后，数据治理也是支撑大数据应用的重要前提。只有通过有效的数据治理，才能确保所收集的数据具备高质量和高可用性，从而支持各种大数据应用的开展，如运输路径优化、温度控制管理、库存预测等。因此，数据治理不仅是大数据技术架构设计的一部分，还是实现项目终极目标的重要保障。

三、技术实现

技术实现阶段是项目的终结阶段，标志着从战略规划到架构设计的转变，最终具体的技术要落地。在技术实现阶段，数据建模、数据分析和数据可视化工具的部署是关键。数据建模是基础，决定了数据如何被组织、存储和处理，因此需要深刻了解冷链物流的业务需求，以确保模型能够准确反映实际业务过程中的各种情况。例如，冷链物流中的数据建模需要考虑温度控制、运输时间、货物保质期等多个维度，确保模型能够全面覆盖业务需求。数据分析是技术实现阶段的心脏，通过运用高级算法工具，对收集到的大量数据进行处理和分析，从而提取有价值的业务信息，数据分析专家要具备高度的专业技能，熟悉数据分析工具和方法，对冷链物流业务有深入的了解。通过与业务部门的紧密合作，数据分析能够确保提供的数据查询结果既准确又具有实际的业务应用价值。数据可视化则是将复杂的数据转换为直观的图表和报告，使得决策者能够快速了解数据背后的信息。在冷链物流中，数据可视化可以帮助管理人员迅速掌握物流状态、温度变化、货物流转等关键信息，从而做出更为有效的决策。技术人员在这一阶段需要将方案设计转化为实际可运行的系统，需要深厚的技术功底，还需要良好的问题解决能力和项目管理能力，并且要与数据分析专家、业务部门以及项目管理团队保持紧密合作，确保技术实现既符合设计规范，又能满足业务需求。同时，大数据中心项目管理团队的作用不容忽视。他们需要负责监督项目的整体进展，及时发现并解决可能出现的问题。项目管理团队还需要确保项目变更得到妥善处理，确保技术实现阶段与项目的整体目标保持一致。

第三节 冷链物流大数据中心架构设计

一、设计模式与原则

（一）新型的非关系型数据库设计模式

在当今数据驱动的商业环境中，传统企业在数据分析处理方面主要依赖关系型数据库。数据库在处理结构化数据方面效率高、稳定可靠，然而在面对日益膨胀的"大数据"及其分析的复杂性时，尤其是在实时数据分析的需求面前，关系型数据库显现出其设计原则的局限性。为了克服限制，大数据中心必须探索超越现有设计范式的新途径。

大型企业往往积累了大量的历史数据，数据结构多样化，而且包含丰富的文档、图片等非结构化数据，尽管非结构化数据的处理日益关键，但许多内部数据库设计人员和开发人员由于长期以关系型数据库为核心的工作经验，面对非结构化数据时，仍旧采用将其序列化为二进制文件后存储于关系型数据库的传统方法。在构建大数据平台时，系统必须能够处理和存储各种格式的数据，要求数据存储方案能够适应多样化的数据类型和分析需求。因此，面对非结构化数据日益增长的现实，传统的关系型数据库设计原则已难以满足新的需求，某种程度上推动了非关系型数据库设计模式的发展。新型数据库设计能够优化非结构化数据的存储和处理，提高数据处理的灵活性和效率，满足实时数据分析的需求。

1. 文档数据库

文档型数据库采纳 XML 及类似 JSON 的数据构架，以促进数据的组织和检索，通过嵌入和文档引用这两种机制，实现不同文档对象之间的关联，从而增强数据的互操作性和灵活性。在处理具有层次结构或不规则数据模型的场景中，文档数据库展现出其独特的优势。

2. 列簇数据库

列簇数据库将数据按列簇进行存储,每个列簇包含多个相关的列。这样的设计优化了对特定列的查询性能,适合于需要高读写吞吐量的应用场景。列簇数据库通过分区和复制机制实现数据的高可用性和容错能力,适用于实时数据分析、社交网络和物联网等领域。

3. 索引数据库

索引数据库则以其卓越的搜索能力著称,专注于对每个字段内容的高效索引和快速检索。通过优化数据的索引结构,这类数据库能够显著提升搜索的速度和准确性,使得用户能够迅速从庞大的数据集中找到所需信息。在处理大量动态变化数据的场合,索引数据库展现出强大的数据处理和搜索能力。

(二) 技术架构层面遵循的原则

在现代大数据架构设计中可以借鉴二八原则,该原则指出,在庞杂的数据集中,仅有20%的数据具有显著的业务价值,能够产生80%的业务效益。同时,这部分数据是大多数数据查询的焦点。此原则的应用促使采用差异化的数据管理策略,以提升数据平台的效能和效率。具体而言,在构建大数据平台时,应当对数据进行细致的分类与分层管理,对那些包含核心业务价值的20%数据进行优先处理,并将其存储于结构化的关系型数据库中,便于业务分析人员进行快速查询和深入分析,确保数据的高可用性和高效率。对于剩余的80%数据,由于其查询频率相对较低,且以非结构化或半结构化的形式存在,可以选择成本效益更高的存储解决方案,以优化存储成本,并为数据科学家和数据挖掘专家提供原始数据,支持他们进行复杂的数据分析和挖掘工作。

为了充分利用大数据平台的技术潜力,满足冷链物流的独特需求,冷链物流大数据中心的设计应提供全面的资源管理、数据交换、资产管理、应用开发以及数据调用接口。在技术架构层面,应当严格遵循四项基本原则，以确保平台的稳定性、高效性和安全性。

第一，大数据中心需要具备基础的数据处理功能，包括数据的采集、存储、运算和交互，这些功能构成了大数据平台的核心能力，使其能够处理和分析大规模数据集。

第二，中心应当具备高效的计算资源管理能力，包括对硬件和软件资源的管理等。通过精确的资源调配和监控，大数据平台能够高效稳定地运行，即使在负载剧增的情况下也能保持性能。

第三，数据的质量和安全是大数据中心不可或缺的一部分。因此，需要建立一个跨租户、跨任务和跨时间段的数据管理体系，确保数据的准确性、完整性和安全性，包括对数据的访问控制、加密、备份和恢复等。

第四，为了促进内部业务系统的整合和数据的无缝流动，大数据平台应当提供一套完备的开发和数据调用接口，而接口应当设计得既灵活又易于使用，以支持各种内部应用的开发和数据集成，从而加速创新和决策过程。

二、技术架构设计

为了构建一体化的企业级大数据中心，应严格恪守"统一存储、统一处理、分离采集"之原则，旨在实现数据的高效管理与多租户的数据融合。此举旨在打造一个共享的、按需服务的良性生态圈，既满足内部数据需求，又向外界提供全面的数据服务，涵盖数据采集、存储、处理，以及应用程序接口服务等各个环节。在具体应用实践中，该数据中心通过运用先进的在线监控技术，能够实时追踪冷链运输货物的存储与运输过程，确保对货物状态的精确掌握。系统预设了阈值，一旦监测到异常状态，将立即发出预警，为货物的安全和质量保驾护航。此外，使大数据平台的数据接口与企业的业务管理系统深度集成，对于提升企业的运营效率具有显著意义。在物流订单管理、人员及车辆调度、司机配送路径优化，以及消费者订单跟踪与追溯等方面，这种集成为企业提供了强

>> 供应链管理和信息化技术

大的数据支持,有助于实现精细化管理和智能化决策。在大数据中心的架构设计方面,可采用分层策略,清晰划分不同功能区域,保证数据流动和处理的逻辑有序性(图8-4)。这种架构设计有助于提高数据处理效率,增强系统的可扩展性和可维护性。值得一提的是,尽管目前主要关注软件和硬件架构的优化,但并未忽视数据中心运营中不可或缺的基础设施建设,如供电和制冷系统,基础设施的完善是确保数据中心稳定运行的关键因素。

在硬件和软件的选择上,倾向于采用基于X86架构的服务器和GNU/Linux操作系统来组建计算集群,因为X86架构和GNU/Linux系统具有广泛的应用和成熟的技术支持,具备良好的性能。在这个集群中,可特别指定一台服务器作为主节点,负责全面管理和协调其他从节点服务器的运行,确保整个系统的稳定性和高效性。

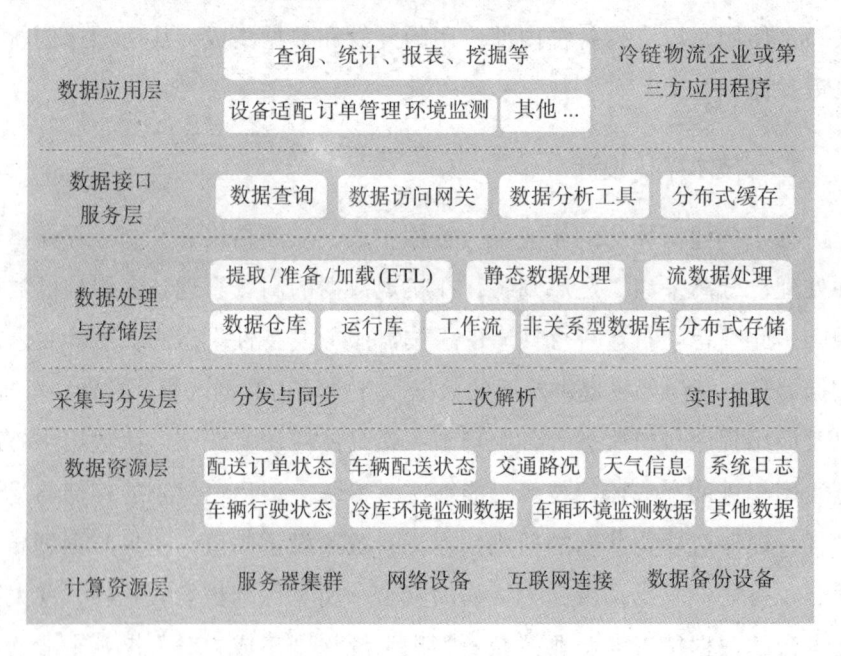

图8-4 冷链物流大数据中心的架构分层设计

（一）计算资源层

在冷链物流大数据中心的架构中，计算资源层扮演着至关重要的角色。它主要由服务器集群、网络设备、互联网连接设备和数据备份设备等部分构成，为整个大数据中心提供强大的计算和存储能力。

具体来说，计算资源层的作用主要体现在以下几个方面：

1. 提供计算能力

服务器集群作为计算资源层的核心，为冷链物流大数据中心提供强大的计算能力。通过集群化部署，可以实现对海量数据的并行处理和实时分析，为冷链物流的各个环节提供准确、及时的决策支持。

2. 保障数据通信

网络设备是计算资源层中不可或缺的组成部分，它负责实现服务器集群之间的数据通信和互联。通过高速、稳定的网络连接，可以确保数据在大数据中心内部以及与其他系统之间顺畅传输，为冷链物流的协同作业提供有力保障。

3. 获取外界数据

互联网是连接计算资源层与外部世界的桥梁，它使得冷链物流大数据中心能够接入互联网，获取更多的数据资源和信息。

4. 实现数据备份和恢复

数据备份设备负责实现对冷链物流大数据中心的数据备份和恢复。通过定期备份和冗余存储，可以确保数据在意外丢失或损坏时能够迅速恢复，保证冷链物流业务的连续性和稳定性。

（二）数据资源层

在冷链物流的复杂运作过程中，监控数据的重要性不言而喻，充当着数据源层的核心角色。一方面，监控数据与各式各样的环境感知设备紧密相连。通过统一的数据接口，能够实时、精准地采集到冷库内的环境状况、运输车辆的行驶状态参数，以及车厢内部的各种环境参数，为冷链物流的运作提供实时的信息支持。通过深度集成农产品安全储运的专业知识库，可为冷链物流提供强大的数据分析与预警服务。另一方面，为了更好地管理和利用监控数据，数据中心构建了以数据订阅与分发为核心的网络结构，促进了各个组件之间的数据互联互通，为第三方系统或内部各组件提供了一个高效、便捷的数据交换平台。通过这个平台，订单信息、车辆配送情况、交通网络数据等多方面的信息可得到综合管理，进而提升冷链物流的运作效率和管理水平。同时，为了快速响应各种数据请求，数据中心可采用先进的索引机制。通过用户身份识别码和订单编号等关键信息，数据中心能够迅速定位到所需的数据，为业务层组件提供准确、及时的数据支持。作为冷链物流数据获取的基础，数据资源层通过从冷链物流的各个阶段收集关键数据，可确保信息的全面性和准确性。为保证农产品品质，在经过采摘及加工环节之后，应迅速将其转移到冷库进行低温保存。通常情况下，冷库内的温度需严格控制在 0 ℃～10 ℃范围内，有效延缓水分的蒸发，同时抑制乙烯的生成和微生物增殖的速率，从而有效地延长农产品的保鲜期。在整个冷藏流程中，需记录并分析的数据包括：产品的名称、产地信息、包装与加工过程中的时间、温度和湿度数据，以及产品存储和流通的详细时间节点、相关的订单信息和最终的配送详情。在仓储过程中，在不同的保存条件下，不同的农产品保质期也有着很大差别，表 8-1 为多种农产品在常温、常规冷藏、真空预冷等环境中的保质期数据。

表 8-1 农产品在不同保存环境中的保质期对比

农产品	常温（天）	常规冷藏（天）	真空预冷（天）	真空预冷+气调包装（天）
草莓	1～2	5～7	9	15
荷兰豆	1～2	4～7	30	38
芋头	1～2	6	25	32

续 表

农产品	常温(天)	常规冷藏(天)	真空预冷(天)	真空预冷+气调包装(天)
菠菜	2~3	7~10	40	50
芹菜	2~3	8	40	54
蘑菇	0~1	2~3	10	16
包心菜	2~3	8	39	50

在冷链物流配送领域，整个运输过程可分为三个关键阶段，每个阶段均对保障货物品质至关重要。第一阶段，农产品或医药品经过精细的包装处理后，进入交接入库阶段。此时，需详细记录货物入库环境信息与质量状态，以从源头上确保物品的品质。第二阶段，进入冷藏储存环节。此环节对环境温度控制非常严格，一般要求温度维持在0 ℃～18 ℃范围内。温度的严格控制是为了延长产品的保鲜期，同时维持其在运输过程中的品质稳定性。第三阶段是订单的具体派送。在这个环节中，详尽记录物流车辆的基本信息变得极其重要，这包括车辆的出入时间、冷藏车厢的门开关次数及时间、行驶的具体路线等。此外，物流人员还需关注并记录货物在送达过程中的温度和湿度变化，因为这些参数直接影响到农产品或药品的最终品质。在客户签收时，对货品的温湿度进行最后一次检查，以确保交付的产品符合预期的品质标准。

（三）采集与分发层

在冷链物流的全过程中，冷藏运输及配送环节尤为关键，其对环境条件的严格要求颇具挑战性，也是问题频发的环节。冷藏运输及配送环节承担着确保各类产品在2 ℃～8 ℃的理想温度范围内运输的重任。对我国众多知名冷链物流企业的调查研究揭示，造成产品损耗的主要因素包括基础设施的技术落后，以及缺乏高效的质量监控与管理策略。在维护冷链物流品质的核心环节中，对冷藏设施的温湿度进行精密监控涉及冷库本身，还包括运输过程中车辆内的环境控制。国家针对此领域设定了一系列标准和规范，以确保流程的标准化和科学化。《冷链物流分类与基本要求 GB/T 28577—2021》对冷链物流进行了细致的分类，并对各类别的基本要求进行了详尽的规定，为行业的规范化管理提供了坚实的指导基础。《食品冷链物流追溯管理要求 GB/T 28843—2012》强调了在食品冷链领域中追溯管理的重要性，可确保从生产到消费各环节的质量可控、可追溯，不仅是为了食品安全，还是为了提高消费者对冷链物流的信任度。而《农产品冷链流通监控平台建设规范（试行）》的出台，则是为了提高在冷链流通过程中对农产品的监控效率，通过科技手段实现实时监控和管理，确保在运输过程中对农产品的新鲜度和安全性。

冷链物流的大数据管理关系到食品与药品安全相关多维数据处理，因此需要关注结构化数据，如污染物检测、温度和湿度等参数，并纳入遥感数据和公众舆论等非结构化数据，以全面评估环境污染对冷链物流的潜在影响。自冷链加工阶段开始，每一项数据的采集不仅代表其纳入大数据平台的一个新节点，还预示着通过分布式处理架构对海量数据进行高效并行处理的开始。

数据管理不仅局限于自动化采集的大规模数据处理，还包括对人工输入的数据进行细致入微的处理，可保证数据的完整性和可用性。数据采集与分发的过程要求对原始数据进行精准的初步处理，将数据按照既定的结构进行格式化、进行深入的二次解析以及数据提取，确保数据能够被用户有效利用，以实时监控并保障运输过程中货物的质量与安全。因此，实时数据处理在冷链物流的大数据管理中面临很大的挑战，因此平台要具备处理结构化和非结构化数据的能力，具备灵活处理各种数据输入的能力。此外，数据处理的高效性和准确性直接关联到冷链物流效率和产品质量保障，强调了大数据管理在整个物流链中不可或缺的核心作用。

数据分发技术是以数据为核心的分布式实时通信中间件规范，该技术通过精确定义数据内容、交互模式，以及服务质量（quality of service,

QoS)标准,在网络环境中实现数据的实时、高效及灵活传输,特别适用于冷链物流中的传感器网络与调度系统,有效支持大数据平台的分布式实时通信和系统构建需求。在大数据的采集与分发层面,系统配置了数据提取模块,既支持在线实时处理,也支持离线批量处理方式,以从数据源层抽取所需数据。抽取的数据,如 XML 或 JSON 格式文件,需经过进一步的解析处理才能被存储于数据库系统中。从数据源层获得的数据必须经过分类处理,再分发到上一层以便进行更深入的数据分析和存储操作。大数据采集与分发层另一个核心功能是促进各数据处理和存储模块间的同步协作,对于保障数据准确性至关重要。

(四)数据处理与存储层

在冷链物流领域,大数据处理不是简单地管理海量数据,而是一个将这些数据转化为实际价值的复杂过程,目的在于通过深入的数据洞察推动业务发展,而在此过程中要采用高效的流程管理与数据整理机制,构建精准的实体识别系统,为数据分析提供必要的上下文环境,并且还需配备能够支持多样化工作流程和算法的强大分析引擎,以处理和执行各项数据分析任务。建立多元化的统计模型,从不同维度解读数据,可为决策者提供多角度的视野,而通过持续地验证和调整可提高分析的准确性和可靠性。

本层的数据处理应用了一系列先进的数据处理工具与技术,旨在有效管理和利用大数据平台的计算资源。YARM 系统不仅管理和分配计算资源,还控制数据访问权限,保证了数据处理的高效性和安全性。本层面采用了 MapReduce 和 Hive 等工具,能够对大规模的物流数据进行批量处理和加工,确保了数据处理的高效性和准确性。为了应对实时数据处理的需求,需集成 Storm 技术,因为 Storm 具备实时数据处理能力,可使数据分析更加迅速和灵活。在数据编程语言方面,本层面包含了 SQL 声明式编程语言和 Pig 过程化编程语言,各自适用于不同类型的数据处理任务，增强了数据处理的灵活性和有效性。此外，还引入了Flume、Sqoop、Kafka和Oozie工具。其中，Flume专门用于海量日志数据的处理，Sqoop是高效的数据传输工具，Kafka作为分布式消息系统，能够处理大规模数据流，而Oozie则是强大的工作流引擎，有助于管理复杂的数据处理流程。在数据仓库架构的实现领域，采用了基于Hive的技术手段，精心设计了ETL（extract提取、transform转换、load加载）流程，有效地处理了冷链物流数据。具体而言，从数据的源头层次出发，针对冷链物流数据的特点，对来源多样且结构不一的数据进行抽取，将数据汇聚到专门设立的临时中间层，对数据进行全面而细致的处理，涵盖数据提取、清洗、转换，以及业务逻辑的转译等多个环节。精细化操作数据被高效地整合和加载到冷链物流数据仓库中，为接下来的在线分析处理和数据挖掘工作提供了坚实而可靠的基础，同时系统融入了高效丰富的运行库，支持广泛的数据挖掘与机器学习算法，为数据的深入分析与价值挖掘提供了必要的工具和环境，增强了数据处理层面的功能性，也提升了其实用性，使得本数据仓库系统在处理复杂、多变的冷链物流数据时，展现出卓越的性能和高度的适应性。

  冷链物流领域中的大数据仓库架构分为两个核心部分：数据层与逻辑层。数据层构建于Hadoop生态系统之上，整合了Sqoop、Hive、MapReduce等关键技术组件。Sqoop实现了与传统的关系型数据库之间的数据互通，主要负责在关系型数据库与HDFS之间进行数据的双向交换。在数据层中，海量数据通过ETL（提取、转换、加载）的过程被引入系统，之后这些数据被以文件的形式储存在HDFS上，而逻辑层负责对这些数据进行分析与处理。在数据仓库的逻辑架构层面，对大规模数据集的初步处理通常涉及编写Python脚本以实现对远程数据的有效获取与映射。脚本基于细致的业务需求定制，支持对数据的精确查询和深入分析，进而将加工后的数据输出到关系型数据库中，为企业提供可靠的数据支持，以便在其战略规划与运营决策中做出更为明智的选择。实施

Hive 数据仓库的过程并不必须依赖昂贵的大型服务器,而通过采纳标准的 X86 架构服务器,企业能够构建出性能卓越的计算集群,大幅降低成本,充分满足冷链物流等行业在数据处理方面的严苛要求(图 8-5)。

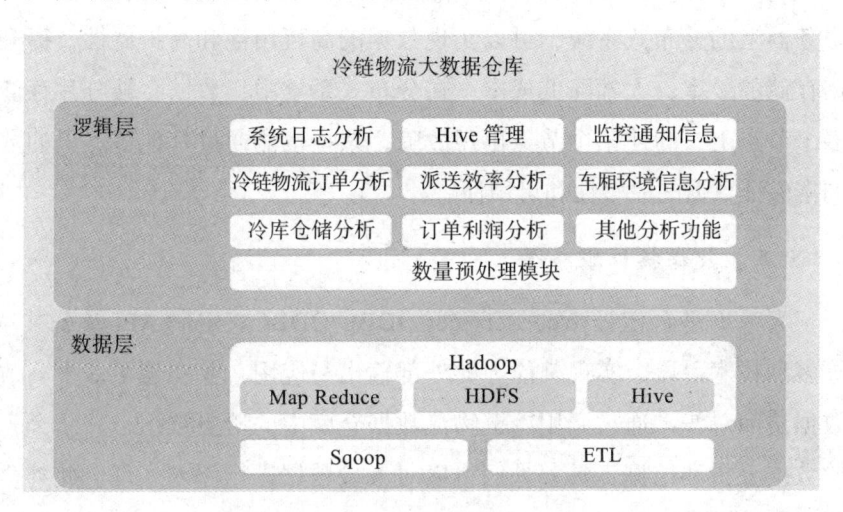

```
冷链物流大数据仓库
┌─────────────────────────────────────────┐
│ 逻辑层                                   │
│   ┌──────────┐ ┌──────────┐ ┌──────────┐│
│   │系统日志分析│ │ Hive 管理 │ │监控通知信息││
│   └──────────┘ └──────────┘ └──────────┘│
│   ┌──────────┐ ┌──────────┐ ┌──────────┐│
│   │冷链物流订单│ │派送效率分析│ │车厢环境信息││
│   │    分析   │ │          │ │   分析   ││
│   └──────────┘ └──────────┘ └──────────┘│
│   ┌──────────┐ ┌──────────┐ ┌──────────┐│
│   │冷库仓储分析│ │订单利润分析│ │其他分析功能││
│   └──────────┘ └──────────┘ └──────────┘│
│   ┌─────────────────────────────────┐   │
│   │        数量预处理模块             │   │
│   └─────────────────────────────────┘   │
├─────────────────────────────────────────┤
│ 数据层                                   │
│              Hadoop                     │
│   ┌──────────┐ ┌──────┐ ┌──────┐        │
│   │Map Reduce│ │ HDFS │ │ Hive │        │
│   └──────────┘ └──────┘ └──────┘        │
│   ┌───────────┐    ┌────────┐           │
│   │  Sqoop    │    │  ETL   │           │
│   └───────────┘    └────────┘           │
└─────────────────────────────────────────┘
```

图 8-5 冷链物流大数据仓库架构设计

冷链物流作为数据密集型的行业,涉及众多数据的收集、处理和存储,其中包括订单详情、货物信息、存储与运输环境数据、相关人员与车辆信息以及客户反馈等,大多以结构化的形式出现,但不乏非结构化数据的存在,如文本、图片等,对数据处理和存储系统提出了更高的要求。在这样的背景下,可采用高效的 HDFS 分布式文件系统部署在服务器操作系统之上,为大数据的持久化处理提供坚实的基础。HDFS 能够提供高吞吐量的数据访问,并能够在低成本的硬件上可靠地存储大量数据,确保大数据处理后的分析结果得到及时且可靠的存储,为后续的数据分析和决策提供支持。本设计巧妙地融合了结构化和非结构化数据的存储需求,不局限于单一类型的数据库。通过利用关系型数据库与非关系型数据库的互补优势,促进两者之间的无缝衔接。关系型数据库优秀的原子性、一致性、隔离性和持久性(ACID 特性)使其成为处理结构化数据的首选,而非关系型数据库,如 NoSQL 数据库则在处理非结构化数据、大数据场景下的高扩展性和灵活性方面表现出色。在这种架构下,分布式数据存储技术的应用显得尤为重要。通过部署在经济高效的普通服务器上的分布式系统,可以实现数据的高可用性和高扩展性,提升数据存储的效率,大幅降低成本。在分布式系统中,数据会被分片存储在多个节点上,即使某个节点出现故障,系统也能通过其他节点上的数据副本保证数据的完整性和可用性。

(五)数据接口服务层

大数据平台依托 Web Service、JDBC/ODBC、定制 API 及公共 API 等多种技术手段,实现其能力的外部输出与应用,并构建了一个高效的数据访问总线。通过调用冷链物流数据仓库中的历史数据,并结合先进的数据分析和挖掘工具,人们得以对大量数据进行深入处理。此外,各业务系统可通过 JSON、XML、Web Service 以及 REST 等标准化的数据交换机制,便捷地访问所需数据。在这一过程中,数据服务层发挥着承上启下的关键作用,它不仅是大数据平台与高层应用系统之间的桥梁,还是数据流通与应用的枢纽。

(六)数据应用层

在当代的信息时代,大数据技术在冷链物流领域扮演着至关重要的角色。冷链物流大数据中心作为技术应用的高级集成发布平台,涵盖内部与外部的业务管理系统,是数据处理流程中数据采集、清洗、转换、分析及存储的终极展现,该中心致力提供高效、精准的大数据服务,支撑冷链物流的决策制定与业务运营。在大数据应用层,除了内置的查询、统计、报告和数据挖掘等基础工具,中心还为冷链物流企业及第三方开发的业务管理系统提供系统集成接口,促进数据资源的最大化利用,将大数据智能转化为实际的业务运营指标和决策支持,从而增强了企业的竞争力和市场适应性。应用层通过深入分析多个从事生鲜蔬果、肉类及

第八章 冷链物流数字化转型

海鲜等产品运输的冷链物流企业，根据这些企业在运营过程中的共同需求，开发出一系列通用模块，包括物联网设备的适配、冷链物流订单的管理、仓储及运输过程的监控、车辆追踪、全景冷链视图以及调度过程的优化等，极大地促进了行业内部的信息共享和资源整合，提升了整个行业的运作效率和服务质量。

冷链物流企业可依据业务发展的实际需要，灵活选择与适配相关模块，甚至可定制符合自身业务特点的应用系统，并与大数据中心实现高效对接。以下是对各模块功能的详细阐述：

（1）物联网设备适配模块，为冷链物流企业提供了多样化的环境感知设备接入服务。企业自备的传感器等物联网感知设备，遵循标准的通信协议即可无缝接入大数据中心，从而实时获取包括温湿度在内的环境信息。

（2）冷链物流订单管理模块，针对初创和成长型冷链物流企业，提供了完善的订单管理系统。该系统能够智能匹配订单信息与运送过程中的环境监控数据，有效降低企业自建系统的运营成本，并显著提升企业信息化建设的水平。

（3）仓储和运送监测模块，实现了从冷链加工完成至最终送达客户全过程的 7×24 小时不间断监控。当货物所处的温湿度环境信息超出预设的储存要求时，系统会迅速向管理人员发送报警信息，确保货物的安全储运。

（4）车辆跟踪模块，通过转义大数据平台中的 GPS 数据为地理位置信息，并结合电子地图，实时展示车辆的行驶路线，以及厢体内的温湿度等信息。根据运送货物的安全储运模型，实现运输监测预警，为冷链物流的安全运输提供了有力保障。

（5）订单回放模块，能够完整展现订单货物在冷链物流整个生命周期的位置、环境信息等。通过此模块，企业可以实现对冷链物流订单的全程追溯，清晰展示配送起始地、路线、时长，以及配送过程中货物所处环境温湿度的曲线等信息。

（6）调度优化模块，通过与城市交通路网数据的对接，为司乘人员提供了多种优化配送服务方案，包括最短时间、最短路径、最低费用等多种优化方式，旨在提高配送效率并降低运营成本。

冷链物流大数据中心的数据应用层是其技术架构的核心部分，它的设计和实施对于整个冷链物流行业的数字化转型至关重要，主要负责处理、分析和呈现数据，支持冷链物流的决策制定和运营优化。在数据应用层，包括了查询、统计、报告和数据挖掘等基础工具，提供系统集成接口，以促进内部与外部业务管理系统的协同和数据资源的最大化利用。数据应用层的内置基础工具是数据分析和处理的基石。查询工具允许用户按需检索数据，支持对大量数据进行快速而精确的搜索。统计工具帮助用户理解数据的分布和趋势，为冷链物流的运营提供量化的依据。报告工具能够将复杂的数据分析结果以易于理解的格式展现出来，帮助管理层做出信息化的决策。数据挖掘工具则通过识别数据中的模式和关联，为冷链物流的优化和风险管理提供助力。系统集成接口在数据应用层支持冷链物流企业内部各种业务管理系统的无缝连接，促进与第三方系统的协同工作。通过这种集成，数据不再孤立，而是能够在不同系统间流动和共享，极大地提高了数据资源的利用效率和价值。例如，一个冷链运输管理系统可以通过集成接口接入大数据中心，实时获取仓储环境的数据，从而更有效地调整运输计划和减少食品损耗。数据应用层的设计还特别强调了扩展性和灵活性。随着冷链物流行业的不断发展和技术的迅速进步，新的数据类型和分析工具不断涌现。数据应用层需要能够轻松集成这些新工具和数据源，以保持冷链物流大数据中心的先进性和竞争力。此外，数据安全和隐私保护也是数据应用层设计的重要考虑因素。在处理和共享大量敏感数据的过程中，要确保数据的安全性和用户的隐私不受侵犯。要实施严格的数据访问控制、加密和审计等机制，在促进数据共享和利用的同时，保护数据免受未经授权的访问和滥用。

冷链物流企业在数字化转型的过程中，可依据自身业务发展需求定制符合业务特点的应用系统，通常包含几个关键模块，每个模块针对冷链物流的特定需求设计，确保企业能够高效、准确地处理日常运营中的各种任务。

物联网设备适配模块：物联网（Internet of Things）技术在冷链物流中扮演着至关重要的角色，尤其是在温度控制和产品追踪方面。物联网设备适配模块使得各种传感器和监控设备能够无缝集成到冷链管理系统中。通过这个模块，冷链物流企业能够实时监控产品的温度、湿度、位置等关键参数，确保产品质量和安全。此外，此模块还可以协助企业分析设备数据，识别潜在的运输风险和效率提升点。

冷链物流订单管理模块：这个模块是冷链物流系统的核心，负责处理所有订单相关的操作，包括订单创建、修改、追踪和结算。通过订单管理模块，企业能够实现对订单流程的全面控制和优化，从而提高服务质量和客户满意度。该模块还有助于实时进行订单状态更新，帮助企业及时响应市场变化和客户需求。

仓储和运送监测模块：在冷链物流中，仓储和运输是两个关键环节。此模块专门针对这两个环节的特点设计，能够实时监控仓库和运输过程中的温度、湿度等关键指标，确保产品在整个物流过程中的质量和安全。通过这个模块，企业可以及时发现和处理潜在的风险，减少损失。

车辆跟踪模块：为了确保运输的效率和安全性，冷链物流企业需要对运输车辆进行实时跟踪。车辆跟踪模块可以提供车辆的实时位置、行驶速度、路线选择等信息，帮助企业优化运输路线，减少运输时间和成本，同时提高运输过程的透明度。

订单回放模块：此模块允许企业回放整个订单的处理过程，包括订单的创建、分配、执行和完成各个阶段。通过订单回放，企业可以详细了解每个订单的处理细节，分析处理效率，发现流程中的瓶颈和问题点，为未来的流程优化提供依据。

调度优化模块：调度优化是冷链物流管理中的一个复杂挑战。调度优化模块利用先进的算法来分析和优化货物的装载、运输和配送计划，以最大限度地提高资源的利用率，降低运输成本。通过这个模块，企业能够在保证服务质量的前提下，实现运输效率的显著提升。

三、物理架构设计

冷链物流大数据中心的物理架构与传统数据中心布局具有一定的相似性，均采用集中化的部署策略。然而，在硬件选择方面，冷链物流大数据中心倾向于采纳超融合技术，区别于常规数据中心常用的存储区域网络或网络存储技术（图8-6）。详细地说，该物理架构包含了六个核心组成部分：Hadoop集群、关系型数据库集群、高速万兆以太网络、先进的超融合基础架构、数据备份设备，以及互联网接入设施。

具体到Hadoop集群的配置，它包括两台作用不同的Name Node服务器，一台承担主节点的职责，而另一台则作为从节点，两台服务器与众多Data Node节点服务器相连，后者主要负责数据的存储。

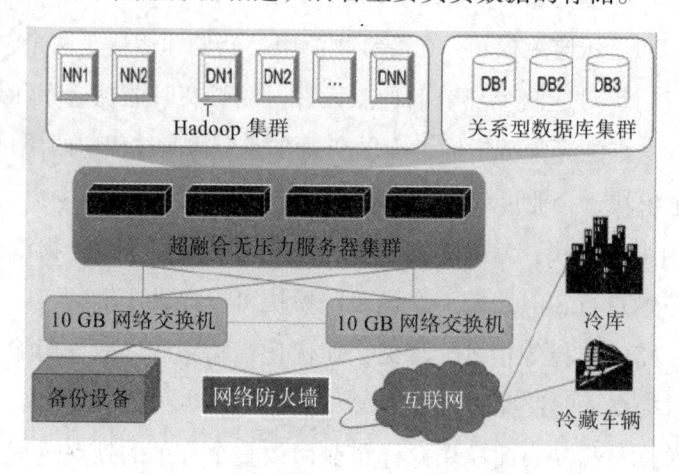

图8-6 冷链物流大数据中心物理架构

第八章 冷链物流数字化转型

四、结构化数据存储设计

冷链物流的每个细微环节都积累了庞大的结构化数据，其中，运输过程中的环境监控信息尤为关键，直接反映了冷链物流的品质与效率。本文聚焦订单派送过程的结构化数据，通过深入剖析其内涵与特征，运用定性与定量相结合的分析方法，对冷链物流数据进行系统分类。同时，设计高效的数据存储系统，实现对这些宝贵数据的科学管理与合理应用，为冷链物流行业的优化与发展提供有力支撑。

（一）存储系统

在 HBase 数据库架构中，系统通过引入稀疏、多维度且排序的映射表设计，展现出了对非结构化和半结构化数据长期存储的卓越能力，保证存储空间的高效利用，提升数据访问的灵活性和效率。针对冷链物流业务中结构化数据的特定需求，可选用 Hive 数据仓库平台作为数据处理的核心工具，Hive 平台以其简洁高效的 HQL 查询语言，将复杂的自定义查询请求转化为对应的 MapReduce 程序，并在 Hadoop 分布式计算框架上执行，从而实现冷链物流结构化数据的优化存储与高效查询。冷链物流结构化数据存储系统设计如图 8-7 所示。

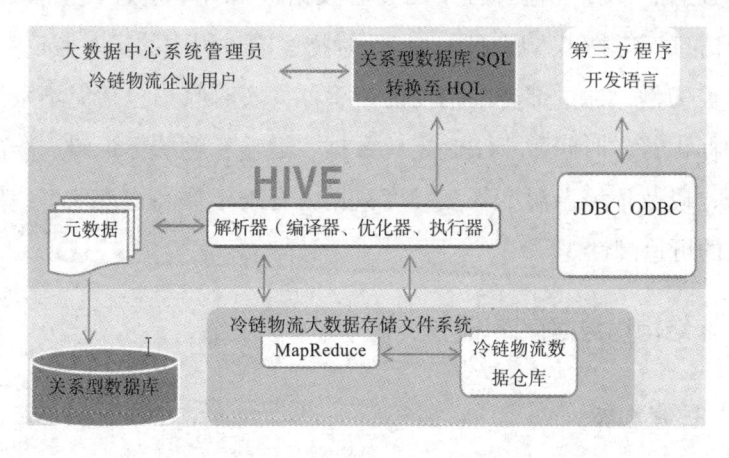

图 8-7 冷链物流结构化数据存储系统设计

在现代的冷链物流信息管理系统中，对于关系型数据库的操作通常依赖 SQL 语句。为了提高效率和优化数据处理过程，系统可以采用 Hive 编译器和优化器，将 SQL 语句编译并转换成 MapReduce 执行程序，避免直接编写 Hive 查询语言（HQL）语句的需求。系统的元数据结构包括表名称、列属性、分区信息，以及表数据所在的文件目录路径。Hive 提供的这一机制允许用户通过编写 SQL 语句来管理和查询存储在 Hadoop 分布式文件系统（HDFS）中的大规模数据集。HDFS 作为分布式存储解决方案，优化了数据的存储、读取和写入过程，确保了高效和可靠的数据访问，这种数据存储方法支持 MapReduce 作业的高效执行，MapReduce 则为数据处理提供了一种可扩展、高效且容错的计算框架。

（二）关系型数据库

在冷链物流管理领域，数据的精确采集与有效管理是确保货物品质和运输效率的关键因素，该领域涵盖订单处理、仓储管理、车辆注册、货物存储与调度等多个环节。其中，运输过程中货物的实时监控尤为重要，这些关键信息的集成与处理，通常依托于关系型数据库的强大存储与查询功能，而非直接操作底层的 HDFS 存储细节。

具体而言，冷链物流过程中的核心数据包括订单信息、仓库数据、车辆注册信息、货物出入库记录，以及货物运输过程中的实时监控数据。以运输监控为例，通过部署高精度的传感器，实时收集包括但不限于货品的唯一标识符、时间戳、GPS 定位数据、运输车辆的标识码、车门的开闭次数，以及环境温湿度等多维度数据，有助于提高物流效率，增强货物安全的可追溯性。

五、非结构化数据存储设计

（一）存储系统

在构建冷链物流大数据中心时，非结构化数据的存储系统是关键组成部分。非结构化数据，如图像、视频、日志文件等，相比结构化数据，不遵循传统数据库的严格格式，因而需采用灵活性更高的存储解决方案。存储系统需支持高并发访问和大容量存储，同时保障数据的可靠性与安全性。

选用的存储系统应具备强大的数据处理能力，能够高效地管理和检索大量的非结构化数据。例如，对象存储服务（object storage service, OSS）以其可扩展、高可靠和安全性高的特点，成为非结构化数据存储的理想选择。此外，分布式文件系统也常用于处理大规模的非结构化数据集，支持数据的冗余存储，确保数据的高可用性。

（二）存储表

对于非结构化数据，虽然不适用传统的关系型数据库表结构，但仍需要通过一定的逻辑结构来组织数据，以便于数据的管理和访问。在设计非结构化数据的存储表时，通常涉及元数据的管理，即存储关于数据本身的信息，如文件名、创建时间、数据类型、位置信息等。

元数据表的设计应便于快速检索和管理非结构化数据。例如，可以为每个非结构化数据项分配一个唯一标识符，并记录其相关的元数据信息。此外，根据应用需求，可以设计标签系统，通过标签对非结构化数据进行分类，支持基于标签的搜索和过滤，从而提升数据检索的效率和准确性。

六、冷链物流大数据治理设计

在图8-8所展示的冷链物流大数据治理的组织结构图中，将冷链物流企业中不同部门的领导层以及信息技术部门的负责人汇聚于企业数据治理委员会。通过引入资深大数据专家的顾问服务，该架构加强了技术支持的专业性，促使技术创新更好地服务于业务发展。在这一框架下，业务部门与技术团队之间的沟通变得前所未有地紧密，确保双方在数据

》供应链管理和信息化技术

战略的制定与实施过程中能够达成高度一致的共识。

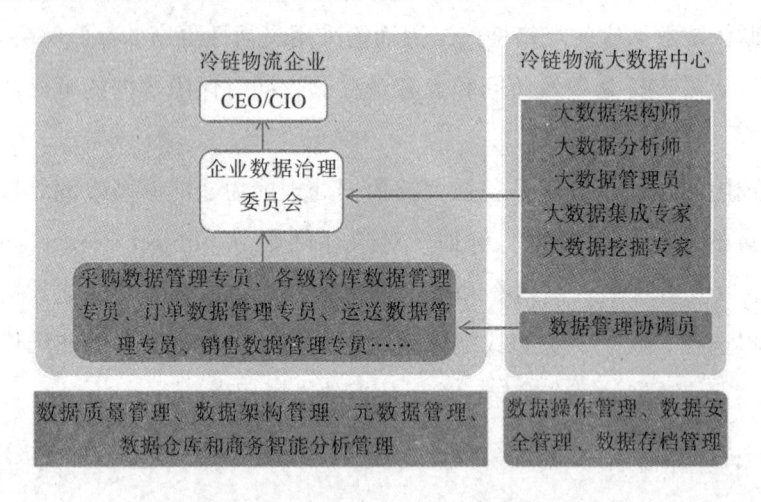

图 8-8　冷链物流大数据治理组织架构

在企业数据治理的顶级架构中，首席执行官（CEO）与首席信息官（CIO）共同为数据治理确定战略方向与基本调性。数据治理策略的制定必须与公司的整体战略紧密相连，确保数据治理的路线图与企业的长远发展目标保持一致。在战略规划层面，企业需明确设定大数据管理的目标、需遵循的原则及构建框架。此外，建议成立一个由高层管理人员组成的数据治理委员会，负责对大数据进行管理和监督，确保数据治理工作的有效性与透明度。

在组织层面上，跨部门合作的框架涵盖了负责数据治理的专门团队，以及监控数据质量的小组，而且架构需要有清晰的组织结构和明确的职责分配，使数据的质量、安全性和合规性得到充分保障。各个部门之间应当建立一套高效的沟通和协作机制，以便在处理数据治理相关问题时能够迅速且有效地采取行动。深入到操作层面，对数据的生命周期进行综合管理包括数据的生成、存储、利用、共享、备份、归档以及最终的销毁。特别是在冷链物流领域，从产品生产到最终的消费者环节，每一步都伴随着大量数据的产生和应用。对数据生命周期的全面管理提高了数据的透明度和可追踪性。

在技术架构中,高效的数据治理包括数据集成、数据质量管理、数据安全和数据合规性等关键工具。数据集成工具的作用是确保多来源的数据能被准确地识别、清洗、转化及有效加载至数据仓库,维护数据的一致性和可用性。数据质量管理工具的引入,旨在通过监控和提升数据的准确度、完整性及可靠性来优化数据的价值,确保数据质量管理在整个数据生命周期中的有效实施。数据安全工具包括数据加密、访问控制和漏洞管理等,是保障数据不受未授权访问或泄漏的关键。合规性工具的应用,可确保数据的处理和使用严格遵守相关的法律法规和政策要求,以此来减少法律风险并提高企业的信誉。在数据应用层面,设计应紧密结合特定的业务需求,确保数据治理框架在技术层面上的先进性,从而实际推动业务目标的实现。

在冷链物流的大数据治理领域,可以开发多样化的应用程序,以实时监控货物的温度和湿度、预测最佳的货物运输路线、分析消费者需求等,进而影响业务决策和操作效率。数据治理设计的一个核心要素是数据文化的培养。为此,企业需致力建立一种数据驱动的文化氛围,激励员工理解并重视数据的核心价值,提升其对数据的认知和应用能力,定期开展数据治理相关培训和教育活动,确保每位员工都能充分理解并严格遵循既定的数据治理规范和流程。

第四节 冷链物流大数据中心构建

一、冷链物流大数据采集设备

在冷链物流行业,数据采集技术的进步关系整个行业的效率和安全。特别是在温度和湿度监控方面,精准的数据采集对保障产品质量,实现行业数字化转型至关重要。因此，开发集温度与湿度监测于一体的记录设备，对于提升冷链物流效率和安全性有着不可估量的价值。冷链物流大数据中心引入的自动采集和存储温度数据系统是行业转型的关键，该系统通过集成的温湿度记录器实现对数据的实时监测和记录，其主要由数据采集、数据处理和数据存储三个逻辑部件构成，每个部件承担着不同但相互关联的功能。数据采集是系统的第一步，也是基础。温湿度记录器不断地从物流环境中收集数据，包括空气中的温度、湿度水平、设备所处的具体位置以及时间信息。记录器通常配备多种传感器，能够在不同环境下稳定工作，确保数据的准确性和实时性。例如，一个高精度的温湿度传感器可以达到 ±0.3 ℃的温度测量精度和 ±2%的湿度测量精度，这样的精度对于保证产品在运输和储存过程中的质量是非常关键的。数据处理是数据采集后的第二步，采集到的原始数据会被转换为更有用的信息，包括数据的初步分析、清洗（去除无用或错误的数据），以及分类。数据处理提高了数据的可用性，为数据存储和后续分析奠定了基础。例如，系统可以通过分析温湿度变化趋势，预测未来一段时间内可能出现的异常情况，从而提前采取措施。数据存储是整个系统的最后一环，采集并处理好的数据需要被有效地存储起来以有助于未来的查询、分析和决策，同时要求存储系统具有高容量，能够支持高速数据写入和读取。在这一环节，数据通常会被分类存储，结构化数据，如数字可以存储在关系型数据库中，非结构化数据，如图表则可以存储在非关系型数据库或数据湖中。

在现代冷链运输领域，车厢内安装的温湿度记录设备能够实时监控和记录环境的温度和湿度，捕捉到车辆的动态变化，如转弯、制动、倾斜以及确切位置等关键指标，并通过 3G 或 4G 移动数据网络实时传送至数据处理中心，使得冷链物流的管理人员能够即刻接收到这些信息。即时的数据通信机制确保了管理人员可以迅速做出决策或采取必要的措施，从而有效地维护物品在运输过程中的品质与安全。表 8-2 为温湿度记录仪的主要采集指标。

表 8-2　温湿度记录仪主要采集指标

指标项	值
温度	工作范围：-40 ℃～80 ℃（精度 0.1 ℃） 温度误差范围：±0.5 ℃（-18 ℃～40 ℃） 防水等级：IP65 工作电压：3～36 V
湿度	工作范围：0%～100%（精度：1%） 湿度误差范围：3% 防水等级：IP65 工作电压：3～36 V

冷链物流数据采集设备安装位置如图 8-9 所示。从图 8-9 中可以看出，冷链车辆中的数据采集设备被策略性地安置以优化其功能。装置的位置如下：温湿度传感器被置于货物区域的顶部中央位置，因为顶部中央位置往往可以最全面地反映货物区的整体环境状况。为了确保通过传感器采集到的数据能够准确反映货物所处环境的整体状况，其位置的选取必须遵循货物装载空间内的空气流动规律，同时考虑货物的堆放方式。温湿度记录设备通常包括一个内置的数据存储单元，可以定期或连续记录环境读数。此类设备通常具备无线传输功能，可将数据实时传输至车载系统或直接上传至云端大数据中心，实现对车内环境的实时监控，便于对整个物流链的数据分析和决策制定。在图中还可以看到，冷藏设备的冷气出口被置于车辆顶部，与传感器保持了一定的距离，有助于避免冷气直接吹到传感器上，从而影响读数的准确性。此外，温湿度传感器与货物之间的最低距离规定为 30 cm，以保证传感器能够感知到货物所处环境的真实状况，而不仅是空气流动路径上的状态。整个安装布局考虑到了数据的实时采集需要与冷链物流运作的实际情况紧密结合。通过这样的安装布局，可以最大化确保数据的准确性和代表性，使冷链物流公司能够依据这些数据做出及时且有效的反应，如调整冷藏设备的温度

》供应链管理和信息化技术

设置，重新规划货物的堆放方式等，以确保货物在最佳状态下运输，从而减少货物损耗，提高客户满意度，并优化整个供应链的运作。

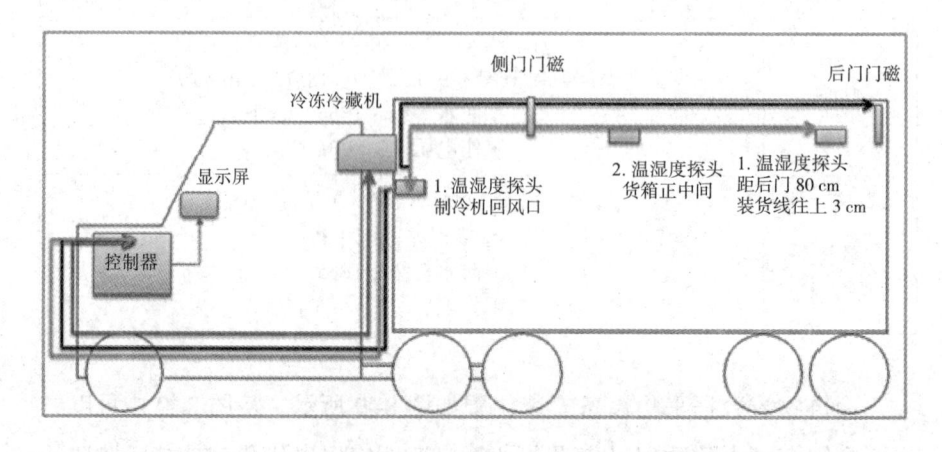

图 8-9 冷链物流数据采集设备安装位置图

二、监控数据的传输配置

在冷链物流大数据中心的构建过程中，监控数据的传输配置可以确保从末端传感器到大数据平台的数据流是高效、稳定且安全的，该过程涉及数据的上传、存储和管理，利用先进的技术手段来优化数据处理流程，从而提升整个冷链物流系统的效能。冷链物流企业通过在冷库中部署集成了数据采集功能的设备，有效实现数据的高效接入及末端传感器数据的有效采集，设备能够自动记录温度、湿度、位置等关键信息，实时将数据发送到大数据平台，提高数据收集的实时性和准确性，为冷链物流的监控与管理提供强有力的数据支撑。对于数据采集设备的部署流程，其关键在于设备的注册与关联，以及后续的数据传输过程。每一台设备都需要在大数据平台上进行注册，以确保数据平台能识别并正确处理来自该设备的数据。注册过程通常涉及设备的身份验证，以确保数据的来源是可信的，保障整个数据传输过程的安全性。数据的传输是通过用户数据报协议（UDP）来实现的。UDP是一种无连接的传输层协议，它允许数据包在网络中独立传输，这使得数据传输过程具有较高的效率。然而，由于UDP本身不提供数据包的顺序保证和错误校验，因此在冷链物流的数据传输配置中，需要额外设置等待和重传机制，以确保数据的准确性和完整性。这些机制确保即使在网络条件不稳定的情况下，数据也能完整无误地传输至大数据平台。一旦数据到达大数据平台，就涉及数据的存储和管理。要考虑如何高效地存储大量数据，还要考虑数据的检索效率和安全性。为此，大数据平台通常采用分布式存储系统，可以将数据分散存储在多个节点上，提高存储的容量，增强数据的可靠性。在数据管理方面，大数据平台需要具备强大的数据处理能力，能够对收集的数据进行实时分析和处理，为冷链物流的决策提供支持。

三、大数据服务器集群

为了应对大数据存储需求的持续增长，本文选择采用Ubuntu Linux作为操作系统，并对Hadoop框架进行定制化安装和配置，目的在于建立一个稳定的开发及测试环境。在实施方面，研究团队选用一台配备有16 GB物理内存的高性能工作站，利用该工作站运行Virtual Box虚拟化软件，以创建多个虚拟服务器。具体步骤如下：首先，团队建立名为HD Master的虚拟服务器，通过采用桥接模式，确保该服务器与外部网络的连通性。在HD Master上安装Ubuntu Linux操作系统，进行精细的网卡配置，手动设置静态IP地址为192.168.0.254。安装并配置完毕后，团队关闭HD Master虚拟服务器，以进行下一步的操作。其次，研究团队利用Virtual Box的克隆功能，复制出两个虚拟服务器，分别命名为HDslave1和HDslave2，两台虚拟服务器启动后，进一步加以配置，包括主机名和IP地址的修改，确保它们在虚拟网络中的正确识别及相互通信，而这对于确保集群中各节点的高效协同工作至关重要。完成所有这些配置之后，必须执行sudo /etc/init.d/network restart命令，以重启网络服务,确保所有新配置立即生效。

在此大数据服务器集群的架构中,主节点HD Master被赋予了双重角色: Name Node 和 Data Node。这种设计使 HD Master 节点不仅管理整个大数据平台的运行,还负责数据的存储与调度。与此同时,其他的两台服务器仅被配置为 Data Node 专注于提供数据存储功能(图8-10)。

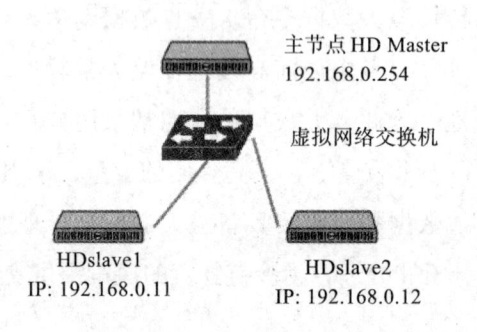

```
                主节点HD Master
                192.168.0.254
           虚拟网络交换机

    HDslave1              HDslave2
    IP: 192.168.0.11      IP: 192.168.0.12
```

图 8-10　大数据中心开发与测试环境拓扑图

在进行 Hadoop 大数据框架的安装之前,必须先确保 Java 虚拟机环境的搭建,因为 Hadoop 依赖此环境以正常运作。具体操作步骤包括安装由 Oracle 公司开发的 Java 环境组件。可以通过执行 apt install openjdk-8-jdk 命令来安装 Java 开发工具包。安装完成后,运行 java –version 命令来验证 Java 环境是否成功安装,如果终端显示了 Java 的版本信息,则表明安装顺利完成。随后,需要从 Hadoop 的官方网站下载其安装程序。本项目选取的是稳定性较高的 2.8 版本,通过运行 wget https://archive.apache.org/dist/hadoop/core/hadoop-2.8.0/hadoop-2.8.0.tar.gz 命令来下载所需的安装文件。下载完成后,接下来的步骤是解压缩该文件,这可以通过执行 tar xf hadoop-2.8.0.tar.gz 命令来完成。解压后,会生成一个名为 hadoop-2.8.0 的目录,里面包含了 Hadoop 运行所需的全部文件。接着,需要在集群的主节点 HD Master 以及所有从节点 HDslave 上进行相应的配置工作。配置完毕后,在每台服务器上执行 hadoop version 命令来检查 Hadoop 是否安装并配置成功。如果终端显示了 Hadoop 的版本号及其编译信息，则说明 Hadoop 已经准备就绪，可以开始进行大数据处理的相关工作。

在分布式计算框架 Hadoop 中，所有的配置文件均存储于特定的子目录 etc/hadoop 之中。当部署 Hadoop 集群以运行于多个服务器上时，各服务器的角色需通过修改其各自 etc/hadoop 目录下的配置文件来定义。具体而言，对于集群的主节点，人们称之为 HD Master，需要在其对应目录下创建名为 masters 的文件，并对 slaves 文件进行适当编辑。在此框架中，由于各个从节点仅扮演 Data Node 的角色，因此只需在每个从节点的 Hadoop 配置目录中将 slaves 文件内容设置为"slave"。

另外，配置文件 core-site.xml 在集群中起着至关重要的作用，它定义了哪台服务器扮演 Name Node 的角色，并涵盖了与 Hadoop 核心进程相关的众多配置细节，如 HDFS 和 MapReduce 的输入输出设置等。此外，hdfs-site.xml 文件专门用于配置 HDFS 相关进程，明确指定主要和次要的 Name Node 服务器以及 Data Node 服务器。该文件还规定了在 HDFS 上存储数据副本的数量和数据块大小等参数。在开发和测试环境中，建议设置两份数据副本。然而，在生产环境下，为了增强数据的可靠性和耐久性，防止硬件故障引发的数据丢失，通常建议设置至少三份副本。此外，通过将 dfs.permission 配置项设置为 true，可以启用文件系统权限验证机制，从而阻止未授权用户的访问请求，进一步提升数据的安全性。

在构建冷链物流大数据中心时，服务器集群的配置和管理是复杂且关键的过程。其中，配置文件，如 core-site.xml 和 hdfs-site.xml 在 Hadoop 框架中定义了集群中各个节点的角色，还涉及许多关键的系统参数设置，直接影响到数据的存储、处理和访问方式，从而关乎整个大数据中心的性能和稳定性。core-site.xml 文件是 Hadoop 配置中的核心文件之一，定义了 Hadoop 集群的基础设置。其中最关键的配置是指定 Name

Node 的位置，因为 Name Node 是 Hadoop 分布式文件系统（HDFS）的大脑，负责管理文件系统的命名空间和客户端对文件的访问，文件还包含了与 Hadoop 核心进程相关的其他配置细节，如设置 Hadoop 运行时数据的存储位置、调整系统性能的参数等。hdfs-site.xml 文件则专门针对 HDFS 的配置，配置参数决定了数据块的大小、副本的数量等。在 HDFS 中，数据被分割成多个块，每个块默认存储在不同的节点上，以实现数据的冗余存储。这种设计旨在提高系统的可靠性和容错能力。默认情况下，Hadoop 会为每个数据块创建三份副本，存放在不同的节点上。在生产环境中，数据的安全性和完整性同样重要。通过设置 dfs.permission 配置项为 true，可以启用 HDFS 的文件系统权限验证机制。这个机制确保了只有经过授权的用户或应用程序才能访问或修改数据，从而提高数据安全性。在大数据服务器集群管理中，这些配置文件的优化和维护是一个持续的过程。随着数据量的增长和计算需求的变化，管理员需要不断调整配置参数，以确保系统的性能和稳定性。比如，随着集群规模的扩大，可能需要增加数据块的副本数量以提高系统的容错能力，也要调整数据块的大小以优化处理效率。

自 Hadoop 框架升级至第 2 版起，其内核组件 MapReduce 也迈入了第 2 版本，框架引入了 Yarn 资源管理器，增强了系统的稳定性，提高了数据处理的效率。然而，升级也对系统资源的管理提出更高的要求。在上下文中，mapred-site.xml 文件扮演了关键角色，负责配置 MapReduce 组件，包括设置并发运行的 JAVA 虚拟机数量，调整 mapper 和 reducer 进程所能够使用的物理内存大小，以及能够访问的 CPU 核心数。值得注意的是，在 Hadoop 的安装包中并不直接提供 mapred-site.xml 文件。用户需要从提供的模板文件中创建此配置文件，这一过程可以通过执行如下命令来完成：cp -v hadoop/etc/hadoop/mapred-site.xml.template mapred-site.xml，确保用户可以根据自己的需求定制 MapReduce 的配置。对于希望为 Map 任务分配更多内存资源的开发者来说，调整 mapred-site.xml

文件中的 mapreduce.map.memory.mb 参数至关重要。此参数以 MB 为单位，决定了每个 Map 任务可使用的内存量。例如，在开发和测试环境中，通常建议将此值设置为 2048 MB。然而，在生产环境中，此参数的设置需要基于系统的实际运行指标来调整，以确保既能满足性能需求，又不会过度消耗系统资源。

四、结构化数据存储

在冷链物流领域，对于订单数据、温湿度环境数据以及运输数据等关键的结构化信息，可以借助 Hive 结构化数据表进行有效存储。具体地，当冷链物流业务系统通过 JDBC 或 ODBC 技术与 Hive 数据仓库建立连接时，首要任务是验证指定的数据存储表是否已经建立。倘若尚未建立，系统将执行 HQL 命令以创建新的数据表，此过程中表的各项字段参数需依据业务需求精确设置。

创建数据表之后，为了提高数据检索效率和降低数据管理复杂度，采用 alter table add partition 命令为数据表增加分区是一项关键步骤。随后，系统将利用 load data 命令将冷链物流的相关数据有效写入指定的数据表分区中。在数据写入的过程中，如果涉及对已存在分区的操作，系统需要细致地判断该分区内的数据是否已存在及是否需对现有数据进行更新或修改。保持数据的一致性和完整性是此过程中的一个关键考量点，在数据写入和修改操作完成后，系统将断开与数据仓库的连接，确保数据的安全和系统的稳定性。整个操作流程如图 8-11 所示。

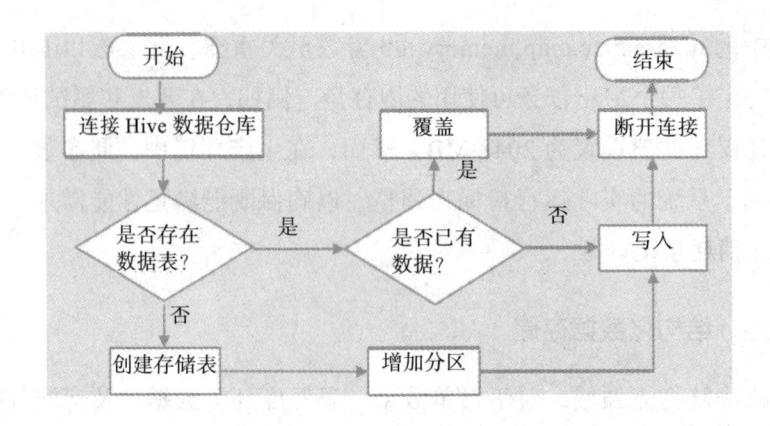

图 8-11 冷链物流结构化数据写入操作流程图

在业务系统执行结构化数据查询过程中，必须通过 Hive 工具从 HDFS 中检索数据，此过程与数据写入操作类似，需建立与数据仓库的连接。系统必须验证数据表、分区及数据本身的存在性，三个要素缺一不可，共同构成了数据查询成功的基石。

五、非结构化数据存储

在冷链物流大数据管理领域，多媒体文件的存储和处理尤为重要，如合同扫描件、产品的检验和检疫报告、运输过程中的视频记录、收货确认的扫描文件、异常情况的照片与视频记录，以及理赔相关的文档等，均属于非结构化数据的范畴。针对这类数据的特点，推荐使用 HBase 数据库作为存储解决方案，HBase 能够提供高效的存储及快速的读取能力，适合处理此类大量、多样化的非结构化数据。

在构建面向非结构化数据的存储系统时，本文采纳了高效的 MapReduce 编程模型作为核心基础，进而实施了一系列优化策略，旨在显著提升数据读写速度并优化系统整体运行效率。可先采用 MapReduce 架构中的 HFile Output Format 工具，此工具的设计初衷是生成与 HBase 数据库兼容的数据文件，以确切地指定每个数据文件应归属于 HBase 中的哪个 Region。为了实现更加精确的数据分布，利用 Hadoop 框架提供的 Total Order Partitioner 类，通过精细化分区机制，确保数据操作能够覆盖到 HBase 表中的每一个 Region。此项技术的采用显著缩减了数据文件的创建时间，尤其是在多用户并发数据录入的场景下，表现出了卓越的性能。研究引入 completebulkload 类，以实现数据的高效加载。当系统与 HBase 数据库建立连接后，锁定目标数据表，随后展开单记录写入或批量数据处理操作。

整个流程根据需要写入的数据量来优化读写方式和流程，有效地提高数据存储速度，如图 8-12 所示。

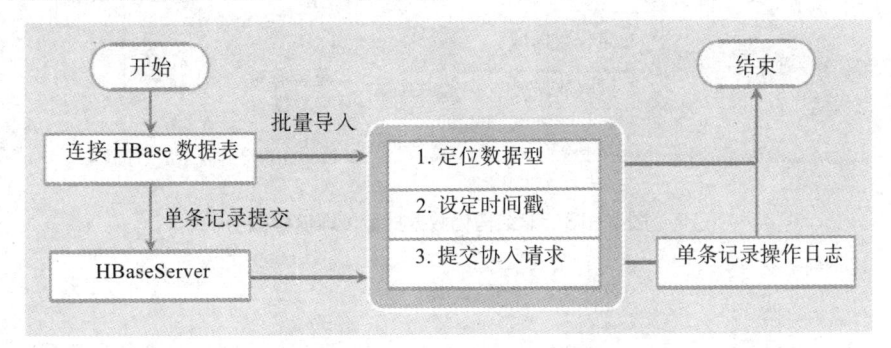

图 8-12 非结构化数据写入流程图

在单个记录的写入流程中，系统将写入请求提交至 HBase 服务器，此过程涉及对目标数据行的定位，确保数据精确写入预定位置。随后系统为该写入操作分配一个时间戳，时间戳的设定使得每次数据变动都得以记录，从而支持后续的数据追溯与恢复操作。完成这些准备工作后，系统便执行数据库的写入操作，将数据安全地存储至指定的数据行。此过程包括无论结果如何，均需将该事务记录到数据库日志中。而面对多记录写入的场景，为了提高效率，避免重复地提交请求到 HBase 服务器，以及频繁地对日志文件进行写入，系统采取了批量处理的策略。具体而言，系统一次性完成所有待写入记录的定位、时间戳设置及数据写入，待所有记录处理完毕后,再统一将这些事务记录到日志文件中。冷链物流订单合同等文件保存至大数据中心之后,客户可以通过前端网页随时查询,通常客户需要查看物品的检验检疫报告和签收单据,而对 HBase 数据库的读取操作就能满足这些业务需求。数据批量读取操作流程如图 8-13 所示。

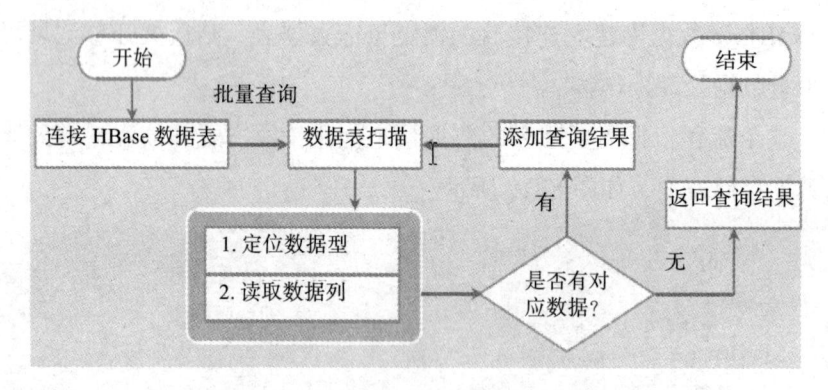

图 8-13 非结构化数据批量读取流程图

第五节 冷链物流大数据中心的运营模式

一、平台服务运营

（一）大数据采集服务

在冷链物流领域,大数据采集服务是构建高效、可靠物流系统的基石。冷链物流的特殊性在于其对温度和时间的严格要求,要保证食品、药品和其他温度敏感产品在运输过程中的质量和安全。因此,从货品生产包装到客户签收的全程数据采集对于监控和保障物流链的完整性至关重要。

大数据中心在冷链物流中的应用主要通过两个方面实现数据采集：一是利用物联网（Internet of Things）技术在数据来源和采集层实现全方位监控，二是通过接入物流企业内部运营管理系统，整合并优化数据流。物联网技术的应用为冷链物流数据采集提供了创新的解决方案。通过在货物的包装或容器上安装传感器，可以实时监控产品的温度、湿度等关键参数，传感器能够将数据通过网络发送到中央数据处理中心，实现对物流过程中每一个环节的实时监控。利用 GPS 定位技术，物流企业可以追踪运输车辆的实时位置，进一步提高物流效率和透明度。通过接入物流企业内部运营管理系统，大数据中心能够获取详细和全面的数据，包括订单处理、库存管理、运输调度等方面的信息，为数据中心提供更加全面的视角来监控和分析整个冷链物流过程，优化数据流，增强数据的时效性和准确性，为后续的数据分析和决策提供坚实的基础。为了满足不同规模冷链物流企业的需求，大数据中心提供了灵活的数据采集服务，包括批量采集和近实时采集。批量采集服务适用于处理大量数据但不要求即时反馈的场景。近实时采集服务则注重数据的时效性，适合对实时数据监控有高要求的场景，如温度敏感的药品运输，企业可以快速响应可能的异常情况，及时调整物流策略，最大限度地减少损失。在实施大数据采集服务时，还需确保收集的数据安全存储，防止数据泄露是大数据中心必须重视的问题，要合理使用数据，确保遵守相关法律法规，尤其是在处理个人信息时。

（二）大数据存储与数据仓库服务

在当今数据驱动的时代，数据存储与数据仓库服务成为企业运营的核心，特别是在需要高度精确和实时数据处理的冷链物流领域。冷链物流大数据中心的数据存储与数据仓库服务是该领域信息技术基础设施的关键组成部分，它们承担着处理、分析和应用冷链物流过程中生成的所有数据的重任。在冷链物流领域，数据存储要确保数据的完整性、可访问性和安全性，冷链物流涉及数据类型多样，包括温度数据、湿度数据、位置信息、运输状态、物品信息等，这通常是实时产生的，要求存储系统能够处理高频率的数据写入，并保证数据的即时可用性。为了满足这些需求，冷链物流大数据中心通常采用云存储服务，根据数据量的增减自动调整资源，服务内容包括对象存储、文件存储和块存储，三者各有侧重，共同支撑起冷链物流数据的存储需求。对象存储服务适用于存储大量的非结构化数据，如文本、图片和视频等。文件存储服务则适用于需要频繁读写操作的场景，如实时监控数据的存储，允许多个用户或系统同时访问存储的文件，支持高并发的数据访问。块存储服务则提供灵活的数据存储方式，将存储空间划分为独立的块，每个块可以独立管理和配置，适于存储数据库或其他需要高性能读写的应用数据。除这些存储服务外，随着业务的发展和技术的更新，冷链物流大数据中心需要将数据从旧的存储系统迁移到新的系统或者在不同的存储系统之间进行数据转移，数据迁移服务确保过程的顺畅和数据的完整性，减少迁移过程中可能出现的数据丢失或损坏风险。在所有这些服务的背后，是强大的数据仓库技术。数据仓库是数据存储的地方，是对数据进行有效管理和分析的平台。在数据仓库中，数据会被整合、清洗和分类，以支持高效的数据查询和分析。冷链物流大数据中心的数据仓库服务包括了数据集成、数据质量管理、数据模型构建等多个方面，旨在为企业提供一个统一、准确和全面的数据视图。

（三）大数据清洗服务

在冷链物流领域，大数据清洗服务尤为关键，随着数据量的增加和指数级增长，以及数据类型多样化和结构的复杂化，对数据进行有效的清洗和管理变得更为复杂。在大数据清洗服务中，要进行数据的审查和预处理，包括识别和纠正错误数据、消除重复项、填补缺失值，以及规范化数据格式。例如，冷链物流中的温度数据可能来自不同的传感器，且各自有不同的度量标准和精度,数据清洗服务需要将这些数据统一到相同的标准和精度,确保数据的一致性和可比性。数据清洗还涉及数据的整合和聚合,在冷链物流中来自不同时间和地点的数据需要被综合起来,以提供关于物流过程的完整信息,对于分析物流效率、预测物流趋势、优化物流策略等具有重要价值。在数据清洗后,构建合适的数据模型,可以更深入地理解数据中的模式和关系,如通过分析温度变化与商品损耗之间的关系,可以优化冷链物流中的温度控制策略,减少损耗。大数据清洗服务还支持冷链物流的商业化应用和数据交易。准确和可靠的数据是制定物流策略、优化物流操作、提升客户服务等商业活动的基础。同时,清洗后的高质量数据本身也具有商业价值,可以作为数据产品对外提供或交易,为企业创造新的收入来源。

(四)大数据分析与挖掘服务

冷链物流大数据分析与挖掘服务是一个复杂而深入的过程,涵盖了从数据处理到深度分析的各个层面。冷链物流大数据分析的核心在于其能够处理和分析海量的数据集合。在冷链物流过程中,每个环节都会产生大量的数据,包括温度监控数据、湿度数据、位置信息、运输时间、货物状态等,数据点极其庞大而细致,通过传统的数据处理方式难以有效管理和分析这些数据。因此,大数据技术的应用使得数据的存储、管理和查询更加高效和可靠。冷链物流大数据分析服务通过使用高性能的查询引擎和列式存储来优化数据的处理。列式存储相较于传统的形式存储,在处理大规模数据集时能够提供更高的读取速度和更好的压缩率,而快速访问和处理大量数据是提供实时分析和决策支持的前提。智能索引和向量执行提升了查询的效率,即使是复杂的查询也能迅速完成,对于需要快速响应的冷链物流领域尤为关键,因为及时的数据处理和分析直接关系到物流的效率和产品的品质保证。该服务还提供高度兼容 SQL 的查询接口,支持库内分析和窗口函数等高级分析功能,企业不需要进行大量的定制开发就能实现复杂的数据分析，降低了技术门槛和成本。例如，使用窗口函数，分析师可以轻松计算滚动平均温度或者监控特定时间窗口内的湿度变化，从而对冷链过程进行更细致的监控和分析。大数据分析服务还整合了机器学习模型等 API，冷链物流企业能够开发更为高级的数据分析和应用。机器学习模型可以从历史数据中学习和识别模式，预测未来的趋势，从而帮助企业优化决策和预测潜在的问题。例如，通过分析历史温度数据和货物损耗情况，机器学习模型可能预测出特定条件下的货物损耗率，从而指导企业优化包装或调整运输策略。

二、收入运营

在当今数据驱动的时代，冷链物流大数据中心成了冷链物流行业的核心竞争力之一。具体来说，冷链物流大数据中心的盈利模式主要围绕为冷链物流企业提供服务并利用平台自身的经营活动展开。

来自冷链物流企业的盈利是大数据中心最直接，也是最重要的收入来源。包括几个关键服务：大数据技术应用咨询服务、大数据中心平台资源租用服务，以及大数据高级分析服务。大数据技术应用咨询服务是指为冷链物流企业提供专业的数据解决方案和策略指导。在这个过程中，大数据中心分享其技术专长，深入了解每个客户的独特需求和业务环境。冷链物流企业能够更有效地应用大数据技术，优化其业务流程和决策制定，从而提高整体效率和盈利能力。大数据中心平台资源租用服务提供的是一个技术平台，使冷链物流企业能够在不投资大量基础设施的情况下，利用先进的数据处理和分析能力，降低企业的门槛，使其能够灵活地根据自身需求扩展或缩减资源使用。大数据高级分析服务则是利用机器学习、人工智能和复杂的数据挖掘技术，为客户提供深入的见解和预测，帮助其识别潜在的市场机会，改进供应链管理，降低成本，提高客户满意度，从而在激烈的市场竞争中脱颖而出。

除直接从冷链物流企业获得的收入外，大数据中心还通过自身的经营活动创造收益,包括数据的二次开发和利用、与其他行业的合作,以及新业务模式的探索等。例如,大数据中心可以通过分析积累的数据,发现新的商业机会或服务领域,与其他行业的企业进行合作,开发新的产品或服务。同时,大数据中心也可以探索数据交易平台、数据分析工具的开发等新的业务模式,以此创造新的收入来源。

第九章 总结和展望

第一节 总结

本书从宏观角度系统地剖析了供应链管理领域的现状、挑战以及未来发展方向,尤其强调了信息化技术在促进供应链管理创新和效率提升中的关键作用。在供应链管理的研究与实践中,一个核心的观点是供应链不再是一个简单的物流和供应网络,而是一个复杂的系统,涉及多方面的管理技术和策略,包括生产、物流、营销、财务等多个环节。有效的供应链管理不仅关注内部流程的优化,还关注与外部环境的互动,如市场需求、技术进步和全球化趋势等。本书特别强调了信息化技术在供应链管理中的重要性。在数字化时代背景下,供应链的信息化不仅是一种趋势,还是企业获取竞争优势的关键。通过信息化技术,如大数据分析、云计算、物联网和人工智能,企业能够实现对供应链的实时监控和管理,提高决策的速度和准确性,优化资源配置,降低成本,提高响应市场变化的能力。信息化技术的应用还促进了供应链管理从线性向网络化、智能化转变。在这一转变中,供应链成员能够更加紧密地协作,共享信息,实现资源的最优配置和流程的最优化,增强了供应链的韧性和灵活性,为企业提供了更多创新的机会。在供应链的不同环节中,信息化技术的应用展现了多样性。在供应链需求预测和计划制订环节,大数据和分析工具的应用已经成为企业获得竞争优势的关键。在过去,企业往往依靠历史销售数据和经验判断来预测市场需求，这种方法不但耗时而且很难应对市场的快速变化。而现在，通过大数据分析，企业可以实时收集和分析来自各个渠道的大量数据，如消费者行为、市场趋势、季节性变化以及宏观经济指标等，从而更准确地预测未来的市场需求。基于数据的需求预测可以帮助企业更科学地制订生产计划，优化库存水平，减少过剩或短缺的情况，从而降低成本并提高客户满意度。例如，通过分析社交媒体上的消费者讨论和反馈，企业可以捕捉到最新的市场趋势和消费者偏好，及时调整生产计划以迎合市场需求。在物流管理领域，物联网（Internet of Things）技术的应用已经引起了革命性的变化。通过在货物、车辆和仓库等物理对象上安装传感器，企业可以实时跟踪物流过程中的每一步，从货物出库、在途运输到最终交付。此外，物联网技术还可以帮助企业优化运输路线，预测和预防潜在的运输风险，从而进一步提高物流效率和安全性。例如，通过实时监控运输车辆的位置和状态，企业可以快速响应交通拥堵、恶劣天气或其他紧急情况，及时调整运输计划，确保货物安全、及时地到达目的地。

书中还探讨了信息化技术在供应链管理中带来的挑战，特别是关于数据安全和隐私保护的问题。随着越来越多的数据被收集和分析，如何保护这些数据不被非法访问或滥用成了一个重要的议题。如何实现不同系统和技术之间的互操作性，以及如何管理和培养具备信息化技术能力的人才，也是企业在推进供应链信息化过程中需要面对的挑战。

第二节　展望

未来，随着技术的飞速发展和数字化转型的深入推进，供应链管理将迎来前所未有的变革。数字化不仅是一种趋势，还是一种必然，它将彻底改变供应链的运作模式，优化企业管理，并推动产业升级。

》供应链管理和信息化技术

  工业数字化将使供应链管理更加高效和透明。通过引入先进的数字化技术，如物联网（Internet of Things）、人工智能（AI）、大数据分析等，企业能够实时监控供应链的每一个环节，从而实现更加精细和动态的管理。这不仅提高了供应链的响应速度和灵活性，还降低了运营成本，提高了运作效率。数字化产业化将促进供应链各环节的深度融合。未来的供应链将不再是简单的线性结构，而是一个复杂的、动态的网络系统。通过数字化技术，供应链中的采购、生产、销售、物流等各个环节将实现无缝连接和协同工作，从而提高整个供应链的协同效应和竞争力。在采购管理方面，数字化将使企业能够更准确地预测市场需求，进行更加精确和高效的采购决策。通过分析大数据，企业可以及时了解市场变化，准确预测未来的供需趋势，从而制订更加科学合理的采购计划。在销售和物流管理方面，数字化将使这两个环节更加紧密地结合起来，形成一个统一的、高效的销售物流体系。通过实时的数据分析和智能化的决策支持，企业可以实现订单的即时处理和物流的快速响应，大大缩短交货时间，提高顾客满意度。在库存管理方面，数字化将帮助企业实现更加精准和动态的库存控制。通过实时监控库存情况，结合高级预测算法，企业可以有效避免过剩或缺货的问题，确保库存的合理水平，降低库存成本。此外，数字化还将推动供应链的智能化改革。未来的供应链将是一个高度智能化的系统，能够自动收集和分析数据，自主做出决策，并实时调整运作策略以适应环境变化。这将使供应链管理更加灵活，能够有效应对市场的不确定性和复杂性。然而，实现供应链的全面数字化转型并非易事，它需要企业投入大量的资源，包括资金、技术和人才。同时，企业需要不断创新和学习，积极探索新的管理理念和技术应用，以适应数字化时代的要求。

  总之，未来的供应链管理将是一个高度数字化、智能化、网络化的新体系。通过深度的数字化转型，企业将能够实现更加高效、灵活和可持续的供应链管理，从而在激烈的市场竞争中脱颖而出，实现持续发展。

未来的供应链管理将是企业管理创新的重要领域，也是产业升级和社会进步的关键驱动力。在这个充满挑战和机遇的时代，只有不断创新和改进，企业才能把握住未来供应链管理的发展方向，实现长期的成功和繁荣。

参考文献

[1] 侯小龙.国有企业纪检监察工作数字化转型的思考[J].经营管理者，2022（4）：56-58.

[2] 李永清，马辉民，张金隆，等.信息化建设、供应链优化与企业绩效[J].统计与决策，2022，38（5）：180-184.

[3] 任娜.基于供应链管理模式的采购管理信息化建设分析[J].中小企业管理与科技（上旬刊），2021（12）：16-18.

[4] 储春银.企业物流信息化的发展及其在供应链管理中的应用研究[J].商讯，2021（31）：107-109.

[5] 李语桥.公共部门利用新媒体开展纪检监察工作的研究：以L省交通系统为例[D].大连：东北财经大学，2020.

[6] 丁开放.猪肉供应链信息化追溯方法及案例研究[D].长春：吉林大学，2020.

[7] 柴正猛，黄轩.供应链金融风险管理研究综述[J].管理现代化，2020，40（2）：109-115.

[8] 王可，周亚拿.信息化建设、供应链信息分享与企业绩效：基于中国制造业企业的实证研究[J].中国管理科学，2019，27（10）：34-43.

[9] 颉茂华，王娇，刘远洋，等.绿色供应链成本管理信息化的实施路径：基

于伊利集团的纵向案例研究 [J]. 管理案例研究与评论, 2019, 12（4）: 431-448.

[10] 陈霄. PY 公司供应链金融信息化战略研究 [D]. 上海: 上海外国语大学, 2018.

[11] 殷智璇. 绿色供应链成本管理信息化实施路径: 基于伊利集团 2008—2017 年的纵向案例分析 [D]. 呼和浩特: 内蒙古大学, 2018.

[12] 任俊石. 基于信息化的 DP 公司采购供应链管理研究 [D]. 蚌埠: 安徽财经大学, 2018.

[13] 范方志, 苏国强, 王晓彦. 供应链金融模式下中小企业信用风险评价及其风险管理研究 [J]. 中央财经大学学报, 2017（12）: 34-43.

[14] 单锋. 基于供应链的陕西纺织服装企业信息化水平研究 [D]. 西安: 西安工程大学, 2016.

[15] 陈芳. SZQ 公司 SCM 平台下采购供应链信息化的开发与研究 [D]. 西安: 西安工程大学, 2016.

[16] 孙丽娜. 化工企业的供应链信息化方案设计 [D]. 天津: 天津科技大学, 2016.

[17] 陈伟. 基于信息化的 M 公司采购与生产供应链整合研究 [D]. 济南: 山东大学, 2015.

[18] 张晓丽. 餐饮连锁企业供应链管理的信息化研究 [D]. 济南: 山东大学, 2015.

[19] 王大力. 长春 FAQC 汽车电器有限公司供应链信息化建设研究 [D]. 长春: 吉林大学, 2014.

[20] 王丽杰,郑艳丽.绿色供应链管理中对供应商激励机制的构建研究[J].管理世界,2014(8):184-185.

[21] 程哲.陕煤化物资集团供应链管理信息化功能架构研究[D].西安:西北大学,2013.

[22] 宋晓春.神华乌海能源公司供应链管理信息化研究[D].西安:西北大学,2013.

[23] 付浦君.基于信息化的供应链协同物流管理研究[D].北京:北京林业大学,2013.

[24] 张凌燕.打造纪检监察工作新模式[J].中国监察,2013(7):30-31.

[25] 韦龙进.BK公司供应链环境下的库存信息化管理研究[D].苏州:苏州大学,2013.

[26] 李荣昌.信息化环境下深瑞公司供应链风险管理研究[D].保定:华北电力大学,2013.

[27] 牛晓健,郭东博,裘翔,等.供应链融资的风险测度与管理:基于中国银行交易数据的实证研究[J].金融研究,2012(11):138-151.

[28] 陈剑.低碳供应链管理研究[J].系统管理学报,2012,21(6):721-728,735.

[29] 程浩亮.供应链金融信息化研究[D].北京:财政部财政科学研究所,2012.

[30] 陈林.基于GS1系统的移动商务供应链物流信息化管理[D].南京:南京大学,2012.

[31] 骆宏. 供应链系统下的企业物流管理研究 [J]. 对外经贸, 2012（5）: 108-110.

[32] 邵廉. 基于零售终端需求的江苏烟草供应链信息化管理探讨 [D]. 南京: 南京大学, 2012.

[33] 张诚. 我国供应链管理研究综述 [J]. 华东交通大学学报, 2011, 28（3）: 92-97.

[34] 孙逊. 电梯供应链系统信息化设计与实现 [D]. 成都: 电子科技大学, 2010.

[35] 金炜光. 基于 J2EE 的供应链信息化管理系统 [D]. 成都: 电子科技大学, 2010.

[36] 周洋. 供应链模式下采购管理信息化探讨 [D]. 苏州: 苏州大学, 2009.

[37] 李雷. 华源公司供应链管理信息化模式研究 [D]. 北京: 华北电力大学（北京）, 2008.

[38] 崔铭伟. 基于供应链管理的制造业信息化评价模型研究 [D]. 天津: 天津大学, 2008.

[39] 吴军, 李健, 汪寿阳. 供应链风险管理中的几个重要问题 [J]. 管理科学学报, 2006（6）: 1-12.

[40] 李彦斌. 内蒙古网通物流与供应链信息化构想 [D]. 呼和浩特: 内蒙古大学, 2006.

[41] 陈鹏. 供应链管理信息化问题研究 [D]. 青岛: 中国海洋大学, 2006.

[42] 钱彦. 供应链管理信息化的评价方法研究 [D]. 南京: 南京航空航天大学, 2005.

≫ 供应链管理和信息化技术

[43] 高峻峻,王迎军,郭亚军,等.供应链管理模型的分类和研究进展[J].中国管理科学,2005(5):118-127.

[44] 张力菠,韩玉启,陈杰,等.供应链管理的系统动力学研究综述[J].系统工程,2005(6):8-15.

[45] 谢军伟.基于供应链的钢铁企业物流管理信息化研究与应用[D].重庆:重庆大学,2004.

[46] 刘丽文.供应链管理思想及其理论和方法的发展过程[J].管理科学学报,2003(2):81-88.

[47] 宋毅玮.供应链环境下汽车协配件采配及信息化研究[D].西安:西北工业大学,2003.

[48] 周伟,罗晨雨.企业供应链管理的信息化[J].价值工程,2003(1):45-47.

[49] 董安邦,廖志英.供应链管理的研究综述[J].工业工程,2002(5):16-20.

[50] 张鹏.供应链管理与企业信息化[D].苏州:苏州大学,2002.

[51] 林勇,马士华.供应链管理环境下供应商的综合评价选择研究[J].物流技术,2000(5):30-32.

[52] 沈厚才,陶青,陈煜波.供应链管理理论与方法[J].中国管理科学,2000(1):1-9.

[53] 张玉华,王国利.农产品冷链物流技术原理与实践[M].北京:中国轻工业出版社,2018.

[54] 李建春. 农产品冷链物流 [M]. 北京：北京交通大学出版社，2014.

[55] 翁心刚，安久意. 鲜活农产品冷链物流管理体系研究 [M]. 北京：中国财富出版社，2015.

[56] 郭慧馨. 中国农产品冷链物流 [M]. 北京：中国财富出版社，2012.

[57] 张晓明，孙旭. 物流信息化与物联网发展背景下的农产品冷链物流优化研究 [M]. 北京：经济管理出版社，2019.

[58] 原惠群. 农产品冷链物流企业营销模式研究 [M]. 武汉：湖北人民出版社，2014.

[59] 吕建军，侯云先. 冷链物流 [M]. 北京：中国经济出版社，2018.

[60] 杨清，吴立鸿. 冷链物流运营管理 [M]. 北京：北京理工大学出版社，2018.

[61] 冷凯君. 基于大数据时代背景下农产品冷链物流一体化模式研究 [M]. 北京：九州出版社，2020.